Krio Salad

(Ɔltin de insay)

Daphne Barlatt Pratt

Sierra Leonean Writers Series

Krio Salad

(Ɔltin de insay)

Copyright © 2017 by Daphne Barlatt Pratt
All rights reserved.

ISBN: 978-9988-8697-6-2

Cover designed by: Harold Creighton-Randall

Sierra Leonean Writers Series
120 Kissy Road Freetown, Sierra Leone
Kofi Annan Avenue, North Legon, Accra, Ghana
Publisher: Prof. Osman Sankoh (Mallam O.)
publisher@sl-writers-series.org
www.sl-writers-series.org

A medley of Krio folktales, original poems, proverbs and other features of the language, as well as a teaching manual on how to read and write Sierra Leone Krio.

SALON MAN

SALON UMAN

DEDICATED TO

My wonderful husband Tanimola Pratt, who has always supported me in everything I do. Thank you Tani. You are a husband in a million.

TɛL TɛNKI

a tɛl Tanimɔla Prat we na mi man tɛnki fɔ we i de batɔ mi pan ɔltin we a de du. i de kɛ mi nɔto kɔmɔn. dis kayn man nɔ de bɔku na wɔl.

a tɛl Harold ɛn Olayinka Creighton-Randall we na mi pikin dɛn, tɛnki fɔ ɔl di ɛp we dɛn de ɛp mi, ɛn a tɛl mi granpikin dɛn we na Quanuah, Eula ɛn Enam Creighton-Randall, tɛnki fɔ we dɛn de mek mi layf swit sodat a ebul sidɔm rayt wit kolat.

a tɛl tɛnki to Blanche Gooding insɛf fɔ we i nɔ ba taya fɔ ɛp mi, to mi sista Judith May-Parker ɛn in pikin Carol May-Parker fɔ we dɛn de kɔrej mi ɔl di tɛm. Ade Marville we na mi sistɛnlɔ, mi kɔzin Ola Macauley, Cynthia Rhodes ɛn Minette Thompson, dɛn ɔl du dɛn yon.

a nɔ go fɔgɛt fɔ tɛl tɛnki to Professor Eldred Jones ɛn in wɛf Marjorie Jones, ɛn Kitty Fadlu-Deen fɔ di ɛp we dɛnsɛf ɛp mi.

a tɛl Gɔd tɛnki fɔ dɛn ɔl, ɛn pre mek Gɔd gi dɛn bɔku blɛsin tide, tumara, ɛn sote go.

mi pɔblisha, Malam O, i gɛt peshɛns o. a tɛl am plɛnti tɛnki fɔ ɔl di wok we insef wok fɔ ɛp mi.

FOREWORD

Daphne Barlatt Pratt has earned a reputation as one of Sierra Leone's leading performing artists who entertains and enlightens audiences with her stage renditions of her own compositions of poetry, her re-tales of Krio nansitori tales and prose compositions. She has now collected many of these stories along with some of her collections of other Krio speech forms under the title, 'krio Salad'. In her desire to preserve Krio for posterity, she follows the tradition of Gladys Casely-Hayford and Thomas Decker who similarly explored the riches of the language as a literary medium.

Once almost entirely a spoken language, Krio has now become a national language into which legal, religious, as well as secular publications are translated through print and radio to the whole country.

'Krio salad' is a notable contribution to this forward corpus of Sierra Leone creative literature.

Eldred Durosimi Jones
Emeritus Professor
University of Sierra Leone

Table of Contents
(Ɔl Wetin De Na Dis Buk)

Introduction

From the last quarter of the 18th century, for about 150 years, Krio was mostly only a spoken language, and when attempts were made at writing it, there was no standardised orthography, so writers wrote it differently, each one making up his or her own method. However, since 1984, there has been a standardised Krio orthography recognised and recommended by Sierra Leone's Ministry of Education. A Krio-English dictionary compiled by Clifford N. Fyle and Eldred D. Jones was published by the Oxford University Press in 1980. The new testament of the Bible had been published in the 1980's, and the complete Bible in Krio was published in 2013. Krio has been taught in all government secondary schools since 1996 when the Lekon secondary text books in Krio were published.

The Krio dictionary, the Krio text books used in schools, and the Krio Bible are all written in the standardised Krio approved by the Ministry of Education.

A guide to reading and writing Krio is included in this publication for those who already understand and speak Krio fairly well, but are not confident in reading or writing the standardised Krio.

It is hoped that all who wish to write Krio, will learn and strive to use the approved standardised Krio, to maintain the uniformity which prevails in written languages.

Just a Taste

An introduction in Krio to whet your appetite. As you go through the lessons and become more confident, I hope you will be moved to come back and take sips, or even gulp portions of the following.

Una Adu O

mi Salon brɔda ɛn sista dɛn, aw una ɔl du? a op se una ɔl tɛl Gɔd tɛnki. a wan tɔk bɔt sɔntin we de mɔna mi. fɔstɛm, we wi wan fɔ rayt, na Inglish nɔmɔ wi bin de rayt. bɔt naw, a si se bɔku pan wi de gladi fɔ rayt Krio. una nɔ tink se, i go gud fɔ mek wi ɔl tray fɔ rayt di kɔrɛkt Krio?

wi gɛt Krio-Inglish dikshɔnɛri we Clifford Fyle ɛn Eldrɛd Jones pɔblish 1980. dɛn bin dɔn pɔblish di Krio nyu tɛstamɛnt, 'Gud Yus Fɔ Ɔlman' ɛn naw wi dɔn gɛt di wanol Baybul na Krio, we dɛn pulnado 2013. ɛn wan ɔda krio dikshɔnɛri we Hanne-Ruth Thompson ɛn Momoh Taziff Koroma pɔblish 2014. dɛn dɔn de tich Krio na ɔl dɛn gɔvmɛnt sɛkɔndari skul frɔm 1996. dat dɔn pas 20 ia naw. di Baybul, di dikshɔnɛri ɛn di tɛksbuk dɛn we dɛn de tek lan di skul pikin dɛn Krio, na di sem we dɛn rayt di Krio insay dɛn ɔl, bikɔs Krio gɛt di we ɛn mana aw fɔ spɛl di wɔd dɛn.

di Ministri Ɔf Ɛdyukeshɔn bin aks sɔm Salon bukman dɛn we sabi bɔt langwej, fɔ ɛng-ed ɛn gri aw fɔ rayt

Krio. ɛn na da Krio de, de na ɔl di tɛksbuk dɛn we dɛn de tek lan Krio na skul tide. na France, dɛn gɛt di Academie Francaise we de tɔk aw dɛn langwej fɔ bi. wisɛf yon Ministri ɔf Ɛdyukeshɔn dɔn tɔk aw wiyon langwej fɔ bi. wi de tek 5 ɔ 6 ia de lan ɔda pɔsin langwej na skul. big pɔsin kin tek tu tri mɔnt ɔ pas wan ia sɛf de lan ɔda langwej. una nɔ tink se na gud tin fɔ mek wi tek tɛm fɔ lan fɔ rid ɛn rayt wiyon langwej di kɔrɛkt we?

nɔto bikɔs wi nɔ bin de rayt am dɔŋ ɔl dis tɛm, min se nɔto prɔpa langwej we dɔn tinap fɔ insɛf. ɔl langwej gɛt ustɛm i bigin. wiyon Krio langwej nɔ dɔn de lɔŋ lɛk dɛn ɔda langwej. dɛn bin dɔn de tɔk sɔn kayn miksɔp langwej di tɛm we dɛn potogi ɛn ɔda neshɔn dɛn bin de kam tredin na Salon; bɔt na afta 1787 we di slev dɛn we bin dɔn fri kam na Salon, nain dis langwej bɔn, ɛn datɛnde na bin creole ɔ pijin Inglish ɔ 'broken' Inglish. wetin dɛn bin de tɔk datɛnde, kam miks wit ɔda langwej dɛn lɛk Potogi, Spanish ɛn Frɛnch, ɛn wit langwej dɛn lɛk Timini, Mende ɛn ɔda langwej dɛn we di pipul dɛn we bin dɔn de Salon bin de tɔk – ɛn wit ɔda langwej dɛn lɛk Yuroba we di 'Libretɛd Afrikan' dɛn briŋ kam. ivin sɔm arabik wɔd dɛn ɔl miks insay.

di langwej bin miksɔp ɛn chenj te, naw na prɔpa langwej we difrɛn frɔm Inglish. nɔto pijin Inglish igen, na Krio. i difrɛn frɔm di creole ɔ pijin Inglish we dɛn

3

bin de tɔk datɛnde.

wa ɛn ɔda tin dɛn dɔn mek bɔku Salon man ɛn uman skata go tap na difrɛn difrɛn kɔntri. sɔm ɔf di kɔntri dɛn we dɛn go, di pipul dɛn we gɛt dɛn kɔntri nɔ tek di wan dɛn we go lɛk se dɛn ɔl na wan. dɛnsɛf no se dɛn difrɛn. sɔm ɔf wi pikin dɛn nɔ no natin bɛtɛ bɔt usay dɛn pipul dɛn kɔmɔt. dat nɔ gud fɔ mɔtalman. ɔlman fɔ no usay i kɔmɔt ɛn udat i bi.

langwej na wan pan di tin dɛn we de mek pɔsin no udat i bi. i gud fɔ mek Salon man ɛn uman sabi tɔk, rid ɛn rayt dɛn langwej bikɔs tide, Krio na wi ɔl yon. dɛn parebul ɛn dip tɔk de lan pɔsin bɔt in tradishɔn ɛn kɔlchɔ, ɛn wetin gud ɛn wetin nɔ gud fɔ du.

so mek wi tray fɔ du tin dɛn we go mek wi fil prawd se wi na Salon man ɔ uman, ɛn mek wi gɛt di langwej fɔ sho udat wi bi, ɛn sho se wi ɔl na wan.

a beg una bo. na beg a de beg. mek wi tray fɔ lan fɔ rid ɛn rayt dis Krio ya.

GUIDE TO PRONUNCIATION

Krio consonant sounds – same as in English
Krio vowels – a e i o u ɛ ɔ
Every Krio letter has its own sound which does not change.
One letter – one sound. Always the same sound.

Vowels	Krio	English
a – as in at	at	at
e–as in eight; ate	et	eight; ate
i – as in it	it	it; eat
o – as in oh	bot; bon	boat; bone
u – as in put	put; fut	put; foot
ɛ – as in eh	gɛt/gɛ	get
ɔ – as in or	kɔn	corn

Also

	Krio	English
aw	kaw	cow
ay	day	die
ɔy	bɔy	boy

	Krio	English
In Krio, c =k	kaw	cow
x = ks	aks	axe
ŋ	Fritɔŋ	Freetown
	tɔŋ	tongue
	Kiŋ	king

5

Pat Wan
LAN FƆ RID ƐN RAYT KRIO

Krio consonant sounds are the same as in English. So only the vowel sounds need to be learnt. Every letter in Krio has its own unique sound, and wherever that letter appears, the sound is always the same. The sound of each letter never changes. This means that it is much easier to learn to read Krio, than it is to learn to read English. For example, the letter 'a' always gives the sound 'a' as in at, as, anch, ad, af–af, mama, papa; unlike English, in which the letter 'a' gives all the following different sounds:– apple able air always aubergine.

LƐSIN WAN (1) – 'a'   a – at

In Krio, wherever 'a' appears, the sound is always 'a' as in 'at'. Examples:– at an as mama papa af laf – haha fa fana ma mas man Mandɛla ba Barak wa wata

a wan drink wata. a wan cham kasada.

ad – 1+1= 2. ad wan + wan = 2. lan wan + wan na 2.

In Krio, there are no double letters in any word.

ad – only one 'd'.

ad wan+ wan. ad am bak.

Here are some more words to practise the sound 'a'.

Aa

Adama   Araba   Fara

af laf-haha kam fa fas faya ga gas gara pa pas pala ta taya ba bata arata lapa nak pan tap pantap ma mata ya yabas yanda wa waka wan(1)

Now practise reading the following short sentences. Don't forget that the consonant sounds are the same as in English. The only vowel sound introduced in these sentences is the 'a' sound.

Adama, kam ya. waka fas fas. kam waka na ya. waka pantap da mata yanda. Adama wan waka pan da mata. kam, Fara. kam ya. na af pas wan naw. waka kam na ya.

1. Fara laf Adama. Adama nak am.
2. a want yala afbak.
3. a want da yabas pantap da pan.
4. Araba, kam pach da granat.
5. Adama, pas da blak sandals kan ya.
6. a cham af akara.
7. a want wan gara lapa.
8. a mas banana kanda.
9. ad wan + wan = 2. lan dat. lan am.
10.   Fara tap na Salon.

PAREBUL – an go an kam

DIS TAN LƐK DAT
at kol lɛk Basma frij
at layt lɛk fɛdapila

LƐSIN TU (2) – 'ay'   fa̱yv (5)

The sound of the letter 'a' is always 'a' as in 'at'.
The sound of the consonant 'y' is always 'y' as in yellow, yam, yard.

(di sawnd 'y' na in bigin yala yams yad)

If you say the sound 'a' followed by the sound for 'y', that would be a–y = ay

a – a ala pan am.
y – a plant yams na yad.
ay – a nak Aylara. Aylara ala 'ay!'.
Before continuing with the 'ay' sound, I would like to run quickly through the 'i' sound, which is very easy.
'i' is always 'i' as in 'it'.
 'i' = it   in   if   is   pin   did   di (di pin) We'll do that in more detail, later.
Now for more practice with the 'ay' sound.

AY   ay
Aylara   Abay   Ayrini
ay yay day dray kray bay tay tayt wayt lay
layt fray flay say insay fayv (5) nayn (9)
Ayrini, tay da lapa. tay am tayt. Abay, kan layt faya.
Aylara, fana da granat. Aylara wan kray. Awa, kam ya.
kam.

Anti Zayn bay pamayn. Aylara ayd am insay wan blay.
Aylara na drayay gyal.

1. a si am wit mi tu yay.
2. i bin sik bad. i day mayn. in at tap fɔ bit, so i day.
3. if yu at tap fɔ bit, yu go day.
4. wata na yay – dat na kray.
5. a bay fayv paynapul.
6. Ayna ayd di fayv paynapul.
7. Aysata fray nayn drayfish.
8. na Adama drink di wayn insay di glas.
9. mi dadi bay land na Nayjiria.
10. a bay fayv blak Krio Baybul na Salon.

PAREBUL – kɔtintri fɔdɔm te i ay pas gras.

DIS TAN LƐK DAT
kray lɛk bebi
lay lɛk fish

LƐSIN TRI (3) – 'aw'   aw – naw

Before doing lesson 3, let's revise the 'ay'sound done in lesson 2.

(bifo wi bigin lɛsin tri, mek wi praktis lɛsin tu bak.)

a + y = a-y. 'ay' – layt laytin day dray drayfish

a mas in an, i ala, 'ay!' a jam in yay. i ala, 'way! way o ya, mi mami o.'

na laytin nak am. di laytin kil am. i day mayn.

drayfish swit insay plasas.

AW   aw
Dawda   Sawdatu

The sound of the consonant 'w' is always 'w' as in water walk window.

(di sawnd 'w' na in bigin – wata waka winda)

If you say the sound 'a' followed by the sound for 'w', that would be a-w = aw.

a + w = a-w. 'aw'

a – a jam in yay.

w – a want wata.

(if yu se 'a' dɛn yu se 'w' – dat na 'aw'.)

aw fɔ du? Gɔd de.

Practise reading the following words:–

aw lawd sawnd gawn brawn stawt pawda
baw bawza krawd

1. aw da mami fil naw? i stil sik?
2. aw fa i go na skul? i rich klas fayv.
3. di pikin dray. di mami stawt.
4. di stawt mami fasin insay di chia.
5. da yala gawn fayn.
6. i kil da brawn kaw. di kaw day na yad.
7. wi skawt masta bay wan brawn gawn.
8. agbada na fayn gawn.
9. a si big krawd na di awtin.
10. i jam in an, i ala lawd lawd wan.

Do not forget that in Krio, there are no double letters in any one word. fil, not fill.   kil, not kill.   wil, not will.   ad, not add.

PAREBUL – shrawd nɔ gɛt pɔkit.

DIS TAN LƐK DAT
tay lɛk kaw
lip tik lɛk fɔs pat kawbɛlɛ

LƐSIN FO (4) – 'i'   i – it

Let's revise lessons 1, 2 and 3.

(mek wi praktis lɛsin wan, tu ɛn tri bak.)

Lesson 1 – wi lan 'a' – at   an   af-af   ad. a jam mi an. di an at mi bad. di san wam.

Lesson 2 – wi lan 'ay' –   a+y = ay. fayv(5)   nayn(9) pamayn wayn. a drink di wayn insay di glas.

Lesson 3 – wi lan 'aw' – a+w = aw. aw fɔ du? Gɔd de. praktis am naw. rayt am naw. na blakawt. layt go. di pala dak. viranda dak. kichin dak. blakawt na Salon.

I   i

Ibi   Yinka   Idrisa

i – as in –   it   if   is   in

i – is   it   tit   bit   lilibit   mi   mista   si   sista   if   lif   ti   tif   tik   tin   tinap   bi   bin (a bin go)   bisin   lisin   ni   nakni   wi (wi go si)   tri(3)   fiftin(15)   nayntin(19)

a bay mina na makit. a bay agidi. a bay pamayn. a mit Yinka na makit. Yinka angri bad. a gi am big bif, wit agidi. a gi am lili fish. i it di bif. i it di fish. a gi am farinya. a gi am biskit. i ib di biskit insay wan blay. dat na fityay. a gi am wan slap. i fil am. i pik di biskit. i it am. i cham am wit in tit. i bigin laf.

1. mi big sista na brawn awl fɔ brawni.
2. gi mi mi it naw. a angri bad.
3. di it swit. na pamayn binch wit plantin.
4. gi mi lili gari ya.
5. di lili pikin it di mina, i pit di tranga bif.
6. Ibi in finga fasin na di winda.
7. na di titi pik di pin.
8. wi anti bay sifta na big makit.
9. Idrisa ib injalɔ insay Ibi in it.
10. wi pikin bin go waka na bich. i go wit in padi.

PAREBUL – if yu yams wayt, kɔba am.

DIS TAN LƐK DAT
it lɛk wulf
ia nɔt lɛk babana-ogu

LƐSIN FAYV (5) – 'o'   o – go

As an ex school teacher, I cannot seem to break the habit of repeating information to ensure assimilation. So we'll practise the sounds learnt in lessons 1 – 4, yet again!

(mi na ol skul ticha. so duya, una go bia wit mi. a kin tɔk di sem tin tu, tri, fo tɛm. a wan mɛmba una bak se,)

1) 'a' – at.   2) ay = a+y – a ala ay!   3)aw = a+w – aw fɔ du? Gɔd de.   4) 'i' – it. i it di bif.

New sound –   O o
Ojumiri   Okoro–Kol SALON
O – just the way you say it when reading the alphabet – o.
O – old fold open over
(o – na aw yu de rid am na ABC – O.)
(o – ol   fol   opin   oba)
o – go so sok   os   klos   oba   oya   fo(4)   fon sapo ajo kom kombra woyo! Krio Bo go lo Salon.

bo go pik da klos. pik da klos na waya. da klos oba yanda. pik am ya. pik am naw, bifo di mami kam. pik am bifo wata sok am.

16

oya in grani day. i bin tap to in pikin na Inglan. na Sisi Onikɛ i bin tap to. i day na Inglan. Inglan kol o! i kol bad. oya. a fil am o. i bin ol. na bin ol ol grani.

1. go bay yabas, tamatis, koko, koknat.
2. di briz kol, so a sniz. a fil kol.
3. a blo mi nos bifo a go insay di podapoda.
4. ros di chikin oba tri fayaston.
5. na di titi brok di yawo in mataodo.
6. blo tri wik bifo yu tot rod go Bo.
7. di klos dray? fil am if i dray.
8. di klos sok. na wata sok di klos
9. di ol pa wan go insay in yon os.
10. Salon fayn o. Salon na wi yon.

PAREBUL – os tayt te, fɔl go le.

DIS TAN LƐK DAT
olɔp lɛk stach kaki
opin yay lɛk owiwi

17

LƐSIN SIKS (6) – 'u'   u – put

Just a reminder of the sounds 'a' 'ay' 'aw' 'i' 'o' , before introducing the sound 'u' as in 'put'.

(una sabi 'a' 'ay' 'aw' 'i' 'o'. naw wi go kan lan 'u')

(bifo wi bigin dat, wi go praktis di sawnd dɛn bak.)

'a' –   as, at, an. di sawnd na 'a'.   noto ar.   noto ah. na 'a'.

'ay' –   fray nayn fish. flay kayt na bich.

'aw' –   aw fɔ du. Gɔd de.

'i' –   it, bit, fit. a angri. a wan it.

'o' –abcdefghi j k l m n o. na di sawnd dat 'o'. aw yu de kɔl am na ABC – 'o'

Uu

Umu Usman Bumi

u – put fut fufu ful Fula rula du duya pus puspikin sus kuskus yu yuba tu(2) tu tumbu Jun Julay kuk kukri chukchuk shub Shubu

yu Yinka. go insay os go kom yu ia. kom am gud o. i du so. butu na ya. grap naw. muf yu fut, a wan pas go insay os. a wan go kuk plasas. yu go kuk di fufu.

Bintu, briŋ da rula kam. gi mi mi buk. us buk? di wayt wan? na di blu buk a want. di blu buk na in na miyon. gi mi tu buk. a wan go dray mi klos na layn bifo a rid mi buk.

1. udat tap na Salon?
2. usay yu tap? na Funkya yu tap?
3. uskayn wahala dis?
4. duya gi mi yu osklos.
5. uswan a go gi yu naw?
6. mi wanfut sus sok na wata.
7. yu go lus yu ia tumara?
8. luk mi nyu tikspun.
9. dis wud dray gud.
10. Umu go go Salon wit wi.

PAREBUL – uswan na miyon pan ɔg mɔni?

DIS TAN LƐK DAT
chak lɛk bubu
cham lɛk got we dɛn lus

LƐSIN SƐVIN (7) – 'e'   <u>e</u>t (8)

Let's have yet another revision of sounds before learning the 'e' sound

(mek wi mɛmba di sawnd dɛn bak, bifo wi lan 'e')

'a'   Alaba

'ay'   Taywo (Kainde Dowu   Alaba).   Tay am tayt.

'aw'   Dawda. awdu o. aw yu du?

'i'   Idowu

'o'   Onikɛ   Oju. 'o' na o.

'u'   Umaru   Shubu   uswan?   udat?   usay? uskayn?

New sound – Ee
Emi   Esi   Emetu

E e –   et(8)   etin(18)   eti(80)   Epril – Me– Jun– Julay) Tyusde   Frayde   Satide   ed   ebi   es   les wes   tes   te   de   tide   gej   neba   fent   pent begabega Estin (we de afta Watalo)

e bo. duya gi mi pan yu granat. duya gi mi tu tri eg. put di eg insay di blay. di blay ebi o. ol am gud. saful o. i go brok. bo kyaful wit da blay de. tek di blay na in an. yu tek di blay. ol am tayt. put am na yu ed. mi ed de at. a se mi ed de at mi. i de at mi bad. wetin du yu ed de at? a bin tot ebi lod na mi ed.

1. we yu bebi? usay yu bebi de? na naw a si se yu tay am na bak.
2. we mi pepa? a wan rayt.
3. i sheb kek; i sheb raysbred. da de de wi it te wi taya.
4. le am na mata mek briz blo am lilibit.
5. na di edman se mek a go di mared.
6. put di kata na yu ed.
7. es di lod put am pantap di kata na yu ed.
8. a se, es di lod. yu tu les.
9. mek wi tray pent dis os bifo Meri mared.
10. Estin na wan vilej we de Salon.

PAREBUL – Estin drink Watalo drɔnk.

DIS TAN LƐK DAT

ebi lɛk lɛd

yes kak lɛk we dia yɛri gɔn

LƐSIN ET (8) – 'ɔ' – ɔrinch

I'm sure you now know all these sounds very well.
a no se una sabi dɛn sawnd ya gud gud wan bay naw
:–

'a' – adinɔ; ay – rayt; aw – kaw ; 'i' – it ; 'o' –
kokorioko; Salon; 'u' – fufu; 'e' –et (8)

 Ɔ ɔ

Ɔlayinka Ɔlabisi Ɔlamide Ɔshɔ

ɔ – tɔk kɔt kɔt–at dɔn dɔni kɔn kɔni nɔ
nɔtnɔt mɔt kɔmɔt mɔtalman frɔg = ɔkpɔlɔ
ɔkpɔlɔ na frɔg.

tɔk to mi. mek wi kan pul stori. uskayn stori a fɔ pul?
pul fayn stori fɔ mi. bɔt di stori fɔ shɔt, bikɔs i dɔn et
oklɔk. a wan go slip nayn oklɔk. bo a nɔ go tek wan
awa fɔ pul stori. ɔrayt.

kɔmɔt na ya. nɔ ambɔg mi. ɔ yu wan fɔ slip na ya?
ɔrayt. a nɔ go put yu na do. gɔ ledɔm na Ɔmɔwumi in
rum.

1. Salon kin ɔt dray sizin, bɔt bay Ɔktoba i nɔ kin tu ɔt.
2. Ɔla dɔn kan le yu kɔmplen se yu rɔb dɔni ɔloba yu
bɔdi.
3. a wan fɔ ib tu ɔgfut insay di ɔkrɔ sup.
4. Ɔmɔ nɔ pe fɔ di ɔg ed te nɔ.
5. bɔs kasada swit fɔ it wit mina.
6. nɔ put bɔku sɔl na di shɔkɔtɔ– yɔkɔtɔ o!

7. Ɔlamide nɔ sabi aw fɔ kuk ɔgyes .

8. nɔ ɔri pas mekes.

9. fɔdɔm fɔ mi a fɔdɔm fɔ yu.

10. kɔfin nɔ gɛt kɔbɔd.

PAREBUL – ɔrinch nɔ de bia lɛm.

DIS TAN LƐK DAT
drɔnk lɛk pisis bebi

drɛs lɛk gɔbɔy

LAN Fɔ SPƐL DƐN DE DƐN YA
Sɔnde   Mɔnde   Tyusde   Wɛnsde   Tɔsde   Frayde
Satide

LƐSIN NAYN (9) – 'ɛ'   tɛn (10)

Can you be persuaded to look at the sounds again?
    duya a de beg mek wi luk di sawnd dɛn bak :

1. 'a' – Ani at Aminata an. Aminata ala.
2. 'ay' – Aysata ayd ays.
3. 'aw' –awtin
4. 'i' –Ibidu ib injalɔ insay Idrisa in it.
5. 'o' – Olu olɔp osusu,
6. 'u' – Umaru uk Umu.
7. 'e' – Emi es et ebi eg.
8. 'ɔ' – ɔl ɔg dɔti.

Ɛ ɛ

Ɛkundayɔ Ɛfulabi Ɛbu

ɛ – ɛn ɛnti pɛpɛ bɛt bɛtɛ bɛl bɛlɛ bɛlful
ɔlɛlɛ ɛbɛ sɛf misɛf dɛn dɛnsɛf yusɛf wisɛf yɛri
lɛf lɛfan lɛk lɛkɛ kɛr chɛr chɛrchɛr tɛtɛ jɛs
rɛs sɛvin tɛn ilɛvin twɛlv twɛnti

mi wɛf tek sizɔs kɔt mi vɛst na nɛt bikɔs i vɛks pan mi.
dɛn i chɛr chɛr mi rɛd shɔt. a tek nɛf kɔt rɛp pɔpɔ go
gi am. a tɛl am se a lɛk am bad, dɛn a beg in padin.
nain in at kol. i go bay maskita nɛt we dɛn de sɛl na
Malama Tɔmɔs Strit. i ɛng am na wi bed. da nɛt de wi
slip fayn.

24

1. wi kray bɔku we rɛbɛl drɛb wi kɔmɔt Salon.
2. wi bɔbɔ de ɛlimɛntri skul ɛn di titi de sɛkɔndari skul.
3. Ɛkundayɔ ol sɛvin ia.
4. Ɛbu aks dɛn fɔ spɛl Sɛptɛmba, Ɔktoba, Novɛmba ɛn Disɛmba.
5. da mi wɛf de, a lɛk am o.
6. wi dɔn mared twɛlv ia.
7. a kuk ɛbɛ ɛn pɛtɛtɛ las wik Wɛnsde.
8. na fɔ gɛda ɔl di dɔti ɛnkincha dɛn yu go was dɛn wantɛm.
9. if yu yɛri we tɛnda kin de krak na dis wi Salon ya.
10. Salon man ɛn uman lɛk fɔ it bɔku pɛpɛ.

PAREBUL – ɛlifant ed nɔto pikin lod.

DIS TAN LƐK DAT
vɛks lɛk tik
rɛp lɛk Satide pɔnkin

LƐSIN TƐN (10)

Una dɔn sabi ɔl di vawɛl sawnd dɛn, so una dɔn sabi
rid Krio naw. ɛni pepa ɔ buk we una pik we na krio
dɛn rayt, una go ebul rid am. ɛnisay we dɛn rayt Krio,
una go sabi rid am. bɔt na fɔ de praktis. if pɔsin wan
fɔ lan ɛnitin na dis wɔl, ɛn sabi am gud fashin, na fɔ
praktis; fɔ du sɔms, yu gɛt fɔ praktis; fɔ rayd baysikul
ɔ drayv motoka, yu gɛt fɔ praktis – fɔ rid ɛni langwej
gud, yu gɛt fɔ praktis.

so mek wi praktis ɔl di vawɛl sawnd dɛn bak

a	e	i	o	u
shakpa	Jege	ia	koko	butu
malata	dedebɔdi	ib	koknat	fufu
nambara	geleŋ	ibi–ibi	jankro	egugu
mamakpara	Jereke	jatijati	jankoliko	janjaku
jamama	jebejebe	sabi	jonjo	bukmumu

ɔ	ɛ	ay	aw
bɔku	gɛgɛ	ayd	sawnd
ɔdɔyɔ	ɛyɛ	ays	gawn
rɔju	jɛkutɛ	Ayzik	rawnd
gɔngɔli	gɛlɛdɛ	ayrish petɛtɛ	prawd
shɔkɔtɔ-yɔkɔtɔ	jɛk	ayskrim	klawd

MEK WI SING

a mek fɔl ful o, kongosa. a se a sik o, kongosa
sik mi nɔ sik o, kongosa. Sik mi nɔ sik o, kongosa
jigi jigi fɔl fut, kongosa

To ti o to, To ti o to
mi mami bin de tɛl mi se, mi dadi bin de tɛl mi se
trangayes nɔ gud, a nɔ yɛri. trangayes nɔ gud, a nɔ
yɛri
trangayes nɔ gud

----

dori o dori, dori mamakura
mamakura jege
jege kɔli banta
fayn fayn guma
go luk usay yu mama
go luk usay yu papa
kam bak
go Watalo go Inglan
kan fɛn ston

----

te mu te sumange, te te te mu te sumange
sɔntin de na ya sumange, te mu te

udat na mi mami o, udat na mi mami o
udat na mi mami o, sumange
sɔntin de na ya

na mi na yu mami o
mi na yu mami o
mi na yu mami o, sumange
sɔntin de na ya

DI LAS PAT

naw una dɔn sabi rid Krio. bɔt nɔto in dɔn so o. mɔ
de. bifo a gi una di wan we lɛf, a wan tɛl una sɔntin
we kin de kɔnfyus sɔm pɔsin dɛn. tu tri pɔsin dɛn dɔn
de aks mi se wetindu a nɔ de rayt kapital lɛta. na dat
a de kan tɛl una so. a nɔ tɔk bɔt dat bifo naw, bikɔs a
bin de wet fɔ mek una sabi rid di Krio gud.

KAPITAL NƆ KAPITAL

*misɛf bin de rayt Kapital we a bin bigin rayt, dɛn a
fɛnɔt se, we pɔsin dɛn si kapital I, ɔltɛm dɛn kin wan
kɔl am 'ay', bikɔs na dat dɛn dɔn yus. lɛk dɛn kin rid,
'ay de go', instɛd ɔf, 'i de go.' so a bigin rayt 'i' fɔ
bigin sɛntɛns. dɛn a fɛnɔt se dɛn kin de mis ɔltɛm wit
kapital A. insɛf dɛn nɔ ba kɔl am 'a'. so a bigin rayt
'a' fɔ bigin sɛntɛns. nain a se, dis nɔ mek sɛns, fɔ de
rayt smɔl i ɛn a, dɛn di ɔda lɛta dɛn kapital. so a
chenj bak bigin rayt ɔl smɔl lɛta, we bay rayt na so i fɔ
bi. kapital lɛta na fɔ rayt nem ɛn taytul. wɛl, a no se
nɔto ɔlman go gri wit mi, bɔt naw una no wetindu a nɔ
de bigin mi krio sɛntɛns dɛn wit kapital lɛta.*

MEK WI PLE

wi dɔn wok bɔku. naw, mek wi ple lilibit bifo wi bigin
wok bak.

Ple Kech

a kamin o – yɛs o. go tɛl mama se – yɛs o

da sup we i kuk – yɛs o. mek i lɛf miyon – yɛs o

Keleju keleju – yɛs o. a kech am nak am – yɛs o

a kech am nak am— yɛs o. a kech am nak am – yɛs o.

---

a pas ya, nɔ we nɔ we

a pas ya, nɔ we nɔ we

wɛl usay a fɔ pas fɔ go it mi mama in kol fufu tide?

a go pas YA!

a kɔt di ɔkrɔ naysli, ɛn swɛla di fufu gɔŋ gɔŋ

e fufu e, i gɔŋ gɔŋ. e fufu e, i gɔŋ gɔŋ

Jegejekskayama dɔgayɛn

Jegejekskayama

Jegejekskayama dɔgayɛn

Jegejekskayam

(yu de bɛn yu ni dɛn we yu de siŋ

(dɛn yu put wan an na yu forɛd, di ɔda an na yu bak
dɔŋ to yu wes, yu de bɛn di ni dɛn yu de dans. fɔ de
chenj di an dɛm – raytan na yu fɔrɛd lɛfan na yu wes,
dɛn yu chenj – lefan na yu fɔrɛd, raytan na yu wes. di
bak ɔf yu an na in fɔ de pan yu fɔred, di frɔnt ɔf yu an,

29

di say we yu de tek klap, na in fɔ de sho. Yu de siŋ yu de siŋ yu de bɛn yu ni dɛn ɛn de chenj yu an dɛn. afta dat yu bigin sɛn yu an dɛn go op ɛn dɔŋ, we lɛfan de ɔp, rayt an de dɔŋ, we yu briŋ lɛfan kan dɔŋ, raytan go ɔp, yu bigin de go rawnd ɛn rawnd, de dans ɛn siŋ. di nɛks wan, yu bɛn yu ɛlbo dɛn, ol yu sayd dɛn, yu bigin bɛn yu ni dɛn bak, yu de siŋ yu de dans. we yu rɛdi, yu de shek yu ed go ɔp ɛn dɔŋ we yu de dans. if una gɛt lida, na so i go de du difren difren tin, una de falamakata am una de siŋ una de dans te una taya.

Pila Bosta

Tu pɔsin tinap dɛn fesin dɛnsɛf, dɛn ol dɛn kɔmpin wit dɛn tu an, dɔn dɛn bigin go rawnd ɛn rawnd fas fas fas te dɛn ed tɔn, dɔn dɛn fɔdɔm na grɔn.

PAT TU

if yu sabi rid di vawɛl dɛn, yu dɔn sabi rid Krio. bɔt yu nɔ sabi ɔltin yet o. mɔ de.

una luk 'Guide To Pronunciation' we de na pej 5. una go si se bɔtɔm di pej, mɔ sawnd dɛn de we nɔto vawɛl nɔmɔ. una luk dɛn sawnd dɛn de bak. na dɛn wan dɛn de wi de kam lan naw, wit sɔm ɔda wan dɛn we nɔ de bɔku na di langwej, bɔt dɛn de. so if wi wan lan Krio gud, wi fɔ sabi dɛn ɔl.

una dɔn sabi mi bay naw. bifo a du ɛni nyu sawnd wi fɔ praktis di ol wan dɛn bak. we pɔsin de du sɔntin bɔku tɛm, i de sabi am gud. a lay?

Ɔl Di Vawɛl Sawnd Dɛn Bak

a	e	i	o	u
chakra	kren-kre	pini	kondo	bumbu
krachan	Jemeka	bisin	bloblo	mutmut
falamakata	Chekere	majiji	kongosa	chukchuk
wankanda	kede-kede	Timini	dombolo	gunugunu
chakachaka	yegeyege	Kinjimi	bogobogo	kutukutu(r ɔn)

ɔ	ɛ
mɔndɔ	tɛtɛ (waka wan wan)
rɔrɔm	mɛrɛ (de mɛlt)
ɔlɔbɔt	jɛpɛ (de tɔk)
grɔngrɔnbi	kɛlɛkɛlɛ
bɔlɔbɔlɔ	chwɛnɛnɛ (de fray)

C Q X – nɔ de na Krio

1. nɔto 'c' na 'k' – kaw kad kɔn kyandul (c de pan ch nɔmɔ)
2. nɔto q na 'kw' – kwin kwik kwayɛt kwɛshɔn (q sɛf nɔ de)
3. nɔto x na 'ks' – aks siks bɔks nɛks (x nɔ de na krio)

C – nɔ de, pas we i de wit 'h' = ch – chia chap chak chafchaf chɛr chɔch
nɔ rayt 'c', rayt 'k' – kaw kad kuk kek kol kalbas kom kɔn kyandul Krismɛs

K

1. kaw – kaw we se in wan dɔti trit, na in wes go fil am.
2. kad – a nɔ gɛ chans fɔ go bay bathde kad fɔ am yet.
3. krismɛs – api krismɛs mi nɔ day o!
4. kalbas – wata trowe bɔt kalbas nɔ brok

Ch

'c' de wit 'h' nɔmɔ – cham chaj chinch kech anch ɛnkincha chɛnchɛnchɛn

1. cham – na angri mek mɔnki cham pɛpɛ.
2. chaj – we pus nɔ de, arata tek chaj.
3. kech – wan finga nɔ de kech lɔs.
4. anch – tek tɛm kil anch yu go si in gɔt.

H

h de na wan wan wɔd nɔmɔ, lɛk wahala, ɛhɛn, hawn.

1. wahala – wahala o! di os bɔn kpatakpata. natin dɛn nɔ pul pas di klos we bin ɛng na dɛn kanda.
2. hawn – i awangɔt. i nɔ ɛp fɔ kuk sɛf, bɔt we di it dɔn kuk dɔn, na so i de it di rɛs hawn-hawn.
3. ɛhɛn! yu go no tide. ɛnti mama bin dɔn wɔn yu nɔ fɔ lɛnt in fon.

Q

q nɔ de na Krio. na fɔ rayt– kw. kwik kwɛshɔn kwak kwis kwata

1. kwik – i kin mekes dɔn in wok kwik so dat i go go ple.
2. kwak – na kweku in dɔks de kwak na yad so.
3. kwɛshɔn – a nɔ bin sabi ansa ɔl di kwɛshɔn dɛn na di ɛgzam.

33

X

x nɔ de na Krio. na fɔ rayt – ks. vɛks miks siks siksti bɔks ɛksre ɛksasayz

1. vɛks –vɛks tek nɔ vɛks lɛf.
2. bɔks – a pak ɔl mi klos na bɔks mek ren nɔ go sɔk dɛn.
3. siksti –siksti pachis mek wan rombo.

NYU SAWND DƐN – ŋ ny gb kp ɔy zh

ŋ – Fritɔŋ tɔŋ dɔŋ nildɔŋ kɔŋkɔŋ kiŋ fiŋ yeŋ yɔŋman koŋkaŋ

1. Fritɔŋ na di kapital ɔf Salon.
2. i de wet fɔ mek a tɔk, bɔt a nɔ se fiŋ.
3. ɔlman de luk in kɔmpin, nɔbɔdi nɔ tɔk. di ples mek yeŋ.
4. i nildɔŋ bifo di kiŋ.
5. di yɔŋman wɛr in koŋkaŋ sus go dɔŋ go nak kɔŋ-kɔŋ-kɔŋ na di do.

ny – nyu nyamanyama nyɔlɛ nyanga nyakanyaka nyukrut nyus

1. nyu brum swip klin…..(ol brum no ɔl di kɔna)
2. Nyutin na vilej we nɔ de fa frɔm Fritɔŋ.

3. na wan fɔlfut mi gɛt we wi de kapu kapu na di nyɔlɛ.
4. di rɛbɛl dɛn nyakanyaka di tɔŋ bifo dɛn rɔn go ayd na bush.
5. di Krio Nyu Tɛstamɛnt nem Gud Nyus Fɔ Ɔlman.

TU TRI PAREBUL

n̲y̲u lɔv nɔ no bɛnwes.
n̲y̲anga gɛ pen.
n̲y̲u yams bɔs na fam.

mɔ nyu sawnd

Gb

Gb – Gbeshe   Gbaŋgbatok   gbiŋgbiŋ   gbagbati gbana gbaga   yagba   gbakanda   gbeleŋgbeleŋ gbangbaode gbɛkɛtɛ gbɛt gbɔfɔtɔ agbada
1. we a tray di braysmed klos, i fit mi gbɛt, so a pe fɔ am wantɛm.
2. dɛn 1970 tɛm wi bin de tek flayinship frɔm Fritɔŋ go Gbaŋgbatok.
3. da uman de gbakanda; in man sɛf nɔ ebul am. in sista insɛf gbana!
4. yu nɔ yɛri di bɛl de riŋ gbeleŋgbeleŋ? yu go let o!
5. kan na ya yu nekɛd gbaga mek a go was yu. e – pikin swit!

Kp

Kp - kpakɔ kpɛkpɛkpɛ kpatakpata akparoro akpa akpani ɔkpɔlo kpalɛmɔ kpɛk kpay kpofoŋkpofoŋ kpokolo-kpakala

1. na dis kpafata kpafata pikin wan fityay mi. a nɔ go gri. mi ɛn in mami sɛf nɔto kɔmpin.

2. a dɔn gɛda sɔm kpɛkpɛkpɛ fɔ mi man fɔ it we i go patrol.

3.   i nak di bɔbɔ kpay!, na in kpakɔ, mek i nɔ go du dat igen.

4.   di sup de bwɛl kpɔtɔ-kpɔtɔ, di smɛl de nak mi nos.

5.   babu fɔdɔm bup!, i nak in wes pan wan akpata we krep ɔl di ia kɔmɔt na in wes. ɛn te tide di ia nɔ gro bak na babu wes.

Ɔy

ɔy - jɔy mɔymɔy vɔys ɔyl ɔysta tɔys bɔylsup jɔyn

1. ɔyl nɔ de miks wit wata.

2. a gi yu jɔy fɔ di bebi bɔy.

3. ɔysta swit na plasas.

4. we a bin sik na bɔylsup nɔmɔ a bin ebul it.

TU TRI PAREBUL

1. dɛn nɔ de bay ɔg fɔ in vɔys.

2. shɔtat man nɔ de jɔyn kakadɛbul.

Zh

zh – de na wan wan wɔd nɔmɔ, lɛk mɛzhɔ   mɛzhɔmɛnt
plɛzhɔ

1. di braysmed dɛn dɔn go tek dɛn mɛzhɔmɛnt fɔ so
dɛn klos.
2. mɛzhɔ ɔl rawnd di rum bifo yu go bay di layno fɔ
prɛd na grɔn.
3. i de smok, drink, de na nayt klɔb ol nɛt. i nɔ de
mɛmba wɛlbɔdi, i jɛs de mɛmba plɛzhɔ nɔmɔ.

CH SH TH – (dɛn na di sem sawnd lɛk Inglish)

CH

ch – wi dɔn tɔk bɔt dis sawnd ya afta wi bigin pat tu.
chupit chunɛ chɔstik

SH

sh – sheb shub shumɔ shugaken shukublay
shire ashɔbi fɔshɔ ɔshya   shɔkɔtɔ-yɔkɔtɔ rikishi
ronsho kushɛ shwɛn-shwɛn shɛgurɛ nɔshi-nɔshi

TH

th – de na wan wan wɔd nɔmɔ, lɛk bathde, bathrum

37

tuthbrɔsh

a kech di nekɛd gbaga kɛr am go na bathrum go put am insay di bathtɔb ɛn krɔb am gud bifo a rap di big bathtawɛl rawnd am. i dɔn de big naw. tide na in bathde, so a nɔ de was am na bathpan igen.

(sɔntɛnde wi nɔ kin se -th, wi kin se -f)   bafpan bafrum

'N' – Dɛn   Kan   Kin

di sawnd fɔ 'n' de na dɛn wɔd ya – natin   nayn   neba nɛf   dɔn.
bɔt sɔntɛnde wi kin tɔk da 'n' sawnd de biɛn wi tɔŋ, na di bak pat pan wi trot.
1. dɛn – dɛn kin kan ya ɔltɛm.
2. dɛn – dɛn kɛr di bɔbɔ go ɔspitul.
3. kan – mek a kan go wit yu?
4. kan – kan ya wantɛm! kam.
5. Kin – wi kin bay fayn klos na jɔnks.
6.   Kin – di bebi kin kray ol nɛt.

38

LAN FƆ SPƐL DƐN NƆMBA YA

wan   tu   tri   fo   fayv   siks   sɛvin   et   nayn
tɛn
twɛnti   tati   foti/fɔti   fifti   siksti   sɛvinti   eti
naynti
ɔndrɛd   tawzin   miliɔn

TU TRI PAREBUL

1. tɛl frɛn tru nɔ pwɛl frɛn.
2. saf yay na de lɔvin bɔmp de gro.
3. krubɔmbɔ man wɔd nɔ de pas na palimɛnt.
4. ɔg nɔ bin no se in go go Inglan.
5. poman sus nɔ de krak na Mɛmorial Ɔl.

39

Praktis Di Nyu Sawnd Dɛn Bak

nɔto q na kw   nɔto x na ks   ŋ   Ny

kw	ks	ŋ	ny
kwaf	Fiks	katiŋ	nyamnyam
kwatadɛk	Koks	dubuŋ	nyusans
kweri	Taksi	keleŋ–keleŋ	nyukɔma
kwinin	ɛkspɛl	gbogoloŋ	nyuzpepa
Kwiz	Ɛksodɔs	kpuŋ–kpukutuŋ	Nyuman (nem)

gb	kp	ɔy	zh
gbajumɔ	Akpata	bɔysɔn	mɛzhɔ
egbere	kpanjuku	pɔyzin	mɛzhɔmɛnt
igbakɔ	kpɛkɛ	pɔynt	plɛzhɔ
gbɛrɛ	kpɔkɔtɔ–kpɔkɔtɔ	nɔys	trɛzhɔ
gbifiti	Kpa–mende	Jɔys (nem)	sizhɔ

Lɛ Wi Kɔnt		Di De Dɛn	Di Mɔnt Dɛn	Sɔm kɔla Dɛn
wan	ilɛvin	Sɔnde	Jɛnyuari	blak
tu	twɛlv	Mɔnde	Fɛbuari	blu
tri	tɔtin	Tyusde	Mach	brawn
fo	fotin	Wɛnsde	Epril	gre
fayv	fiftin	Tɔsde	Me	grin
siks	sikstin	Frayde	Jun	mov
sɛvin	sɛvintin	Satide	Julay	nevi-blu
et	etin		Ɔgɔs	pink
nayn	nayntin	Krismɛs De	Sɛptɛmba	pɔpul
tɛn	twɛnti	Bɔksin De	Ɔktoba	rɛd
		Nyu iaz De	Novɛmba	wayt
		Ista Sɔnde	Disɛmba	yala

DI BƆDI

ed	Yes	trot	an
ia	mɔt	nɛk	finga
fɔrɛd	Lip	chɛst	ɛlbo
kpakɔ	Tit	bɔbi	raytan/lɛfan
yay	tɔŋ	bɔbi-ed	fut /ɔndafut
yay kanda	gɔm	bɛlɛ	ni
nos	jɔ	nebul	to
nosol	Jabon	bak	kokoɛsɛ
nospos	gɔngɔngɔŋ	wes	bɔbɔ-nɔ-ba-bia

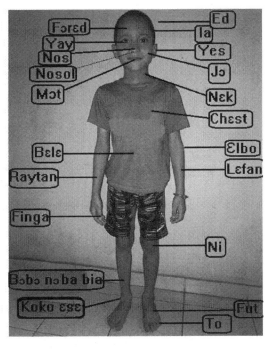
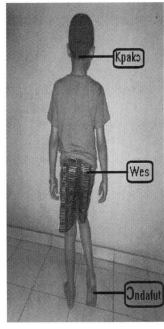

ƆL DI SAWND DƐN

Aa aw ay Bb ch Dd Ee Ɛɛ Ff Gg gb h Ii
Jj Kk kp Ll Mm Nn ny ŋ Oo Ɔɔ ɔy Pp Rr
Ss Sh Tt th Uu Vv Ww Yy Zz zh

a – adinɔ alaki Ajayi ambɔg Amba? ala aks am.

aw – bawsin-bebi tawa awtrayt rawnd mawnten bawndri.

ay –aydul Aylara payl nayn paynapul bay sayz insay blay.

b –biol bigyay Bɛlinda beg beberebe brawn banga.

ch – chupit Chali Chetɔ chɛr chɔch chɛk.

d – dɔti Dowu dans dɛbul da Disɛmba de de.

e – ebo, ejɛd Ejima et ejiri. (et=i nɔ lɛk am, i et am)

ɛ – ɛnti Ɛkundayɔ ɛn Ɛkɛ ɛksasayz ɛvride ɛn?

f – Frayde Fɛbuari fotin, fredfred Fɔla falamakata Fumilayɔ fɔ fray flay.

g –galut Gatrud Grant go Gambe go gɛda grin gara gi Grani Gudin.

gb – gbana Gbeshe gbe gbenkre gbangbaode (gbe = tif;   gbenkre = ɔmole

i –ipokrit Ibidu Ibɛmɛsi ib ilɛvin injɛkshɔn insay injin-ɔyl.

j – jaga-jaga Jamina Jems jam jɛntri Jestina Jɔnsin jisnɔ.

k – krabit Kadi kin kuk kenkeni kɔtkɔt kaw kanda Krismɛs.

kp – Kpa-mende kpo kpafata–kpafata pikin. (kpo=rɔb ɔloba pikin bɔdi)

l – lɔdo, layt–ed Lɛti layt lɛvin lili lantan.

m – magomago Mami Mari mura miks mɔ mɛrɛsin Mɔnde mɔnin.

n –na nɛt nain Nansi Nɛlsin nak Nyakɛ Nikul na nɛk.

ny – nyuzmɔnga Nyuman Nyulan nyakanyaka Nyutin.

ŋ – wɛr yu koŋkaŋ sus go Fritɔŋ go nak kɔŋ kɔŋ na Pa Kiŋ domɔt ɛn nildɔŋ bifo am, bɔt nɔ se fiŋ.

o – oya, oli oli Olumide opin ol ol otɛl obasi.

ɔ – ɔltɛm ɔdɔyɔ Ɔladipɔ ɔda ɔdinari ɔgfut.

p – po Pa Pama put pasmak pɛpɛ pan pɔtɔpɔtɔ plantin.

r – rɔtinjonjo Rotimi rɔn rayt rawnd Reskɔs rensizin.

s – Sulayman se Salakɔ Sɛkɔndari Skul sɛl siksti–siks silk sɔks Satide.

sh – shembif Shɔla Shɛpad shek Shalat shɛgurɛ.

t – tɔf Tɔfnɛl tif twɛnti–tu tolotolo Tyusde twɛlv tu tawzin tɔtin.

u – usay usman shub una sus?

v – Vɛlma vɛks vot.

w – wan Wɛnsde, Wilimina Wilsin wɛr wankayn wit Wilma Wilems.

y – yangeyange Yinka yan yalaros Yalode yɛstade.

z – Zaynab Zubayru zip zutskat.

zh – bifo dɛn mɛzhɔ di grɔn, dɛn go tek mɛzhɔmɛnt fɔ dɛn ashɔbi bikɔs dɛn jɛs de mɛmba dɛn yon plɛzhɔ nɔmɔ.

PAT TU

POƐM DƐN

Foreword
by
Eldred Durosimi Jones

Well over half a century ago, Gladys Casely-Hayford pointed the way to the dramatic Krio lyric in poems like "Dinner Time" and "Mende Kanya". Now Daphne Pratt has taken the genre to its full maturity by the excellent poems in this collection. Through sinuous variations of rhythm, line length, alliteration and dextrous use of rhyme, she has dramatised elements of Krio life and culture from the birth cries of "Na Bebi Gyal" through the sharp diplomatic exchanges of "Di Roz" to the spontaneous expressions of joy in "Mared De Tide". In all this she has preserved the natural Krio idiom and has not been forced by the demands of 'poetic diction' into linguist distortion. Her treatments, often light on the surface, conceal deeply felt moments of pain and suffering as well as barbs of social, political and religious satirical comment. In these few poems, she has a large slice of the civilization of a people – 'infinite riches in a little room'.

It is fortunate that the collection has been made into a compact disk performed by Daphne Pratt herself, for she is a consummate dramatiser of her own work. These poems definitely advance the status of Krio performance poetry.

WATA

wata swit o
we yu fil ɔt
yu tɔn wan kɔp
kol wata na yu mɔt
na datɛnde yu go no
se wata swit o

we di ples ɔt bad
yu go ɔnda shawa
ɔl oba yu bɔdi
yu fil wata in pawa
yu kin wan sidɔm te
ɔnda di wata de ple

ɔ if na wɔshyad
yu tot bokit go we yu grap
yu ib kol wata
yu nɔ kin wan tap
wɛn wata ɛn bɔdi mit
e! dawande swit

pɔblik ɔlide
usay una rich
di wanol tɔŋ
go Lɔmli Bich
di ples ful so

47

bo Gɔd wata swit o

nɔ fɔ kɔnt ɔmɔs
 bɔy pikin dɔn day
fɔseka di dɛbul
na watasay
di wata kin de kɔl dɛn so
dɛn kin jɛs de go – de go

wata swit o – bɔt
fɔ tek tɛm lilibit
we wi de ɛnjɔy
di wata we swit
wata kin bring day!
na wata de pan kray!

8 O'KLƆK MƆNIN

8 o'klɔk mɔnin
ɔlman de ɔri
u de go wok de go wok
u de drayv ka
u de waka
u de na taksi ɔ bɔs
ɔ poda poda
ɔlman de ɔri

di skul pikin dɛm
dɛn ɔl wɛr yunifɔm
sɔm lili wan wɛr afbak
bɔku tot bag na bak
tu tri ol buk na an
sɔm wɛr at wit atban
dɛn plɛnti wɛr bire
dɛn ɔl de ɔri

8 0'klɔk mɔnin
ɔlman de ɔri
yu no dɛn ɔl stori?
u de nak tayprayta
u de wok kɔmpyuta
sɔm tot makit na bɔks
in de sɛl sus ɛn sɔks

sɔm pikin de go gɛt wata
dɛn balans bokit pan kata
luk da bɔbɔ dɔn jomp da gɔta
na go i go so wit in mata

na Fatu dawande de kɛr sifta
go big makit fɔ in big sista
nɔbɔdi nɔ de westɛm
ɔlman de go dɛn we

BɔT
udat nɔ wɛl
udat fut swɛl
udat gɛ bwɛl
udat at pwɛl
udat wɔri
udat sɔri
nɔ de ɔri

dɛn de waka wan wan
uman o, ɔ man
dɛn de waka slo
de go.

6 O'KLƆK IVINTƐM

ali na mɔnin
wi nɔ de kip kɔmpin
bɔt 6 o'klɔk
wi ɔl de tɔk
dɛn pikin de laf ɛn ol an
da bɔbɔ dɔn sɛl ɔl in pan
so in at layt
fɔ flay kayt

dɛn wan de de go fa
sɔm man dɔn bɛn na ba
dɛn mami ol dɛn baskit
dɛn dɔn pas pas na makit

BƆT
sɔm stil de tɛtɛ
bɔt dɛn dɔn fil bɛtɛ
Jizɔs mit dɛn na rod
Jizɔs ɛp tot dɛn lod

REN SIZIN

tɛnda krak, laytin flash
mɔ tɛnda rol
ren de bo grɔn
way! di ples kol

ɔlsay dɔn dak
dɔg sɛf nɔ de bak
dɛn pikin de fred
go ayd ɔnda bed

dɛn kɔp insay gɔta
poko ko ko!
de dans insay wata
de gladi de go

motoka pas viam!
dɔti wata sok mi
e bo, fɔ tek tɛm
ɛn sho smɔl sɔri

noto bikɔs yu de
insay big motoka
mek yu nɔ fɔ bisin
bɔt wi we de waka

da poda poda fasin
insay pɔtɔ pɔtɔ
i de midul rod

nia to da kɔtɔ

mek nɔn tranga yes pikin
we tink se in tɔf
kres go swim tide
wata rɔf

panbɔdi ruf flay
usay fɔ day go
wata insay os
wata na do

hm! una go gɛda dɛn pan
we di briz jɔg kɔmɔt
mek wi nak nak dɛn bak
we dis ren kɔt

da pikin dɔn fɔdɔm
insay gɔta, woyo!
kech am kech am gɛda am
bifo wata kɛr am go

mi a sok lɛk akara
bɔt di ren dɔn bigin kɔt
i jɛs de drisul naw
san dɔn bigin kɔmɔt

ren de kam san de shayn

babu de bɔn pikin na bush
da poda poda fasin de te nɔ
duya una kam ɛp push

luk we dɛn big
de ple na dis kol briz
se dɛn de rɔn gig
dɔn dɛn go bigin sniz

dɛn bɔbɔ dɔn jomp na do
fɔ ple futbɔl na trit
nekɛd ɔnda ren
e! ren wata swit!

tɛnki fɔ ren
we mek wi gɛt shugaken
chukchuk plɔm ɛn koknat
nɔ fɔgɛt bwɛl granat

wi tɛl Gɔd tɛnki
we wi mɛmba
se na Gɔd gi wi ren
frɔm Epril te Novɛmba

klawd dɔn klia
klos ɛng na layn
di briz swit o
ren sizin fayn

54

PA DIƐM

yu wan bay Masidiz Bɛnz?
jɛs bigin go wɔkshɔp, sɛmina ɛn kɔnfrɛns
di po pipul dɛn de day
dɛn nɔ gɛ it fɔ bay
nɔ lisin to dɛm
wans yu gɛt yu pa diɛm

wɛn yu kɔmɔt di kɔnfrɛns
yu dɔn kapu bɔku sɛns
kam naw kan 'sɛnsitayz' wi
dɛn pikin dɛn angri
nɔ bisin bɔt dɛm
wans yu gɛt yu pa diɛm

naw rayt bɔku pepa
put dɛn ɔl wansayna
if ɛni fityay wan aks yu
us gud di kɔnfrɛns du
nɔ bɔda ansa dɛm
jɛs pɔkit yu pa diɛm

yu nɔ go kɔnfrɛns fɔ ɛp yu kɔntri
yu go kɔnfrɛns fɔ gɛt bɔku mɔni
adɔnkia udat de sɔfa
dat nɔto yu yon palava
Gɔd nɔ put yu de fɔ ɛp dɛm

Gɔd put yu de fɔ gɛt – pa diɛm

afta ɔl yu nɔ bikful
yu go wɔkshɔp fɔ it bɛlful
dɛn disples dɛn de day
 wɛl, day de ɔlsay
nɔ wɔri bɔt dɛm
ɛnti yu gɛt yu pa diɛm?

wans yu gɛt yu pa diɛm
ɔltin ɔrayt
nɔ lisin to dɛm
nɔ bisin bɔt dɛm
nɔ wɔri bɔt dɛm
nɔ sɔri fɔ dɛm
jɛs ɛnjɔy yu pa diɛm

go sɛmina ɔlsay
yu go ɛksplen we yu go bifo say
go kɔnfrɛns ɔltɛm
wan de yu go ɛksplen bɔt dɛn pa diɛm
sɔntɛm yu go si Lazarɔs
bɔt na ya, ɛnjɔy yusɛf fɔs

NƆ TROWE DƆTI NA GRƆN

nɔ trowe dɔti na grɔn
ib am na dɔti bɔks
yu ɔrinch kanda ɛn kɔn
nɔ ib dɛn
na grɔn

dɛn sɔf drink kɔp we yu dɔn
granat kanda ɛn mangro sid
put ɔl na dɔti bɔks
kyaful mek yu nɔ lɛf nɔn
fɔ trowe
na grɔn

nɔ trowe dɔti na grɔn
dig ol put am insay
ɔ layt faya mek i bɔn
bɔt nɔ trowe
na grɔn

nɔ trowe dɔti na trit
di ples go smɛl
if wɛn yu dɔn it
yu trowe dɔti na trit

nɔ trowe dɔti na trit
mek wi nɔ gɛt sik

lɛ wi mek wi kɔntri swit
nɔ trowe dɔti na trit

mek wi tray lilibit
yu bɔbɔ, yu titi
we yu opin yu swit
nɔ ib di pepa
na trit

yu we de insay motoka
nɔ ib natin oba winda
yu we de sɛl na makit
we yu dɔn, duya mɔs swip
di trit

nɔ ɔpin yu yay
trowe dɔti na trit
if wi ɔl tray
wi kɔntri go fayn
bambay

WIYON MOZIS

yu no wetin Shaki du?
i gri mek di O.A.U
mit na dis wi fayn kɔntri
1980

a de tɛl yu se
na frɔm da tɛm de
nain di kɔntri bigin
rɔtin

nɔto kɔmɔn motoka dɛn bay
dɛn put trit layt ɔlsay
frɔm dat wi nɔ de witawt
blakawt

dɛn wes wi mɔni mɔ
pɛtrol bigin fɔ drɔ
fɔ bigin kyu
bin nyu

wi gladi fɔ Mɔmɔ
bɔt wi go biɛn mɔ ɛn mɔ
in nɔ bin bisin
bɔt natin

na frɔm bad to wɔs wi go
di rod dɛn badɔf so
we mɔnt dɔn man nɔ de
gɛ pe

gi mi mi mɔni
na dat bank nɔ bin wan yɛri
na plaba fɔ mek dɛn gi
yu yu yon mɔni

ivin di rɛvolyushɔn
nɔ tap kɔrɔpshɔn
dɛn ɔl na bin
sem tin

di sojaman dɛnsɛf bigin tif wi
dɛn molɛs wi, dɛn bit wi ɛn kik wi
lɛk se wi na dɔg
we ambɔg

nain dɛn uman dɛn tawa
dɛn tɔk wit pawa
se wi want ilɛkshɔn
wi gens wit gɔn

nain Gɔd gi we Jems Jona
wi gɛt di ilɛkshɔn o, bɔt oya
di kɔntri stil tɔnoba

wi nɔ soba

di gɔvmɛnt nɔ gɛt kɔnshɛns
dɛn trit wi lɛk nɔnsɛns
dɛn nɔ de lisin
bikɔs dɛn nɔ bisin

dɛn jɛs de ful dɛn yon kɔp
dɛn nɔ no natin bɔt adɔp
da tin we wi yay de si
insay dis wi kɔntri

Papa Gɔd wi want tranga lida
ɛn i fɔ gud ɛn klɛva
udat yu go fɛn
fɔ sɛn

di pɔsin nɔ bɔn yet?
aw lɔŋ mɔ wi fɔ wet
ɔ na wi
nɔ rɛdi?

aw wi de dɔn mɔna mi
wande a sidɔm so de pini
nain wan at se, 'titi,
tray Gɔd dɔt kɔm mek yu si

so yɛstade nɛt
a opin mi intanɛt
a sɛn imel to Gɔd
a de wet fɔ gɛt wɔd

a se Papa Gɔd duya
wi wan fɔ bay, rɛnt, lɛnt
ɔ lis
wiyon Mozis

KU

paw paw
wetin de bi
bu–bu–bum
Gɔd ɛp wi

lɔdavmasi
dɛn de shut gɔn
kiti kata
ɔlman de rɔn

bifo jako kɔt yay
pap pap pap
dɛn ɔl dɔn lɔk
ɔl dɛn shap

dɛn ɔfis sɛf
bam bam
ɔlsay dɔn lɔk
ɔl domɔt dɔn jam

skul tɔnoba
 wi ɔl ayd ɔnda tebul
mi a jɛs bigin fɔ pre
fɔ rɔn sɛf a nɔ ebul

uskayn trɔbul dis
dis 8 o'klɔk mɔnin
dɛn mami ɛn dɛn dadi
de rɔn kan tek dɛn pikin

us Gɔd fɔ kɔl?
ɔlman de ala woyo
wetin de bi?
nɔbɔdi nɔ no

shut de shut
bɔ-bɔŋ bɔŋ
dɛn rɛbɛl dɔn kam
na tɔŋ

sojaman de faya
'pakum pakum'
na fɔ tray rich om
'bu–bum bum'

opin kwik
go insay
lɔk di get
Obay!

ɔlman dɔn kam?
we Ibidu?
Ɔbayinde, Ɔlayinka, Junyɔ

Grani we yu?

Ɔdavmasi
wetin de bi
we di redio
Papa Gɔd ɛp wi

bring de redio
Mɔmɔ se, nɔ fɔ wɔri
Saydu Josɛf Mɔmɔ se,
na in stil gɛ kɔntri

dɛn se nɔto rɛbɛl
na wi yon sojaman
we kɔmɔt wɔ frɔnt kam
wan pul pawa na Mɔmɔ an

bɔt Mɔmɔ se
nɔ fɔ wɔri
i tɔk bak se
na in gɛ kɔntri

wetin Fokɔs se
Yaya Kanu jɛs anawns se
wi dɔn gɛ nyu gɔvmɛnt tide
Mɔmɔ dɔn rɔnawe

nyu gɔvmɛnt fɔ wi
dɛn kɔl dɛnsɛf N.P.R.C

nyu gɔvmɛnt fɔ wi
dɛn kɔl dɛnsɛf N.P.R.C

WOYO

woyo! mi mami O!
dɛn rɛbɛl de kam
na pɛpɛ bag
wi kakto dɔn jam

woyo! woyoya!
rɛbɛl at tɔn ston
setan kɔmɔt ɛl
kam tap na Salon

dɛn rep bɛlɛ uman
Papa Gɔd! we Gɔd?
dɛn rep dɛn mami
man yay rɔn blɔd

dɛn lut, dɛn kil
Gɔd, yu de?
kɔt an, kɔt fut
dɛn go gɛt dɛn pe?

bɔn wanol vilej
Gɔd, we yu?
natin nɔ de
 we dɛn nɔ du

e Papa Gɔd
uskayn wahala dis?
ustɛm wa go dɔn
ustɛm wi go gɛt pis?

wi ɔl fɔ bi
wanfut jombi?
wi ɔl fɔ rɔnawe
lɛf dis wi kɔntri?
Gɔd, yu go gri?

drɛb dɛn kɔmɔt Kɔno
una ɛp mi beg Gɔd bo!
Gɔd, a tek Gɔd insɛf beg yu
i du so. i du so

Papa Gɔd, pul dɛn ɔl
dɛn fɔl sɛf nɔ lɛf
Gɔd ɛp wi nɔ
Gɔd, yu dɛf?

yu nɔ yɛri we wi de kray?
woyo woyo
Gɔd, nɔ lɛf wi so
woyo woyooooo woyo

MEK WI GO BIFO

wi cham pɛpɛ
wi bɛt fatfut
wi swɛla bon
na dis Salon

da tin we yay si
da tin we yes yɛri
di faya we nos smɛl
di tɔŋ dɛn we pwɛl

dɛn rep bɛlɛ uman
kɔt fut, kɔt an
ib pikin insay faya
na dis Salon ya

wi si tin o!
bɔt if wi wan go bifo
wi jɛs gɛ fɔ lɛf am so

dɛn dɔn put gɔn dɔŋ
ilɛkshɔn dɔn dɔn
wetin dɔn bi lɛf in mak
bɔt naw, wi fɔ mek wi kɔntri bak
if wi wan go bifo
wi jɛs gɛ fɔ lɛf am so

Amɛrika we de ala bɔt dɛmɔkrasi

2000 ilɛkshɔn na dɛn yon kɔntri
smɔl yuki yuki bin bi
bɔt dɛn nɔ fɛt ɛn pwɛl
dɛn kɔntri, dɛn se wɛl
mek wi lɛf am so
mek wi go bifo

so mek wisɛf tray
ɔldo wi go de mɛmba ɛn kray.
wetin dɔn bi,
na dis kɔntri,
fɔ NAW
 mek wi lɛf am so
sodat wi go go bifo

ɛn mɛmba o
wi nɔ go go bifo
if dis pasmak kɔrɔpshɔn
wi nɔ tray mek i dɔn
wi nɔ go go bifo – if
wi nɔ lɛf fɔ fɛt ɛn tif

if wi wan go bifo
wi nɔ fɔ fala dɛm
if wi wan go bifo
wi nɔ fɔ luk biɛn
mek wi lɛf am so
sodat wi go go bifo

YƐSTADE

a de pre mek yɛstade
kam bak we ɔltin bin de wok
ticha dɛn na ɔl dɛn skul
wit dɛn wok dɛn nɔ bin de jok

yɛstade skul fi fɔ pe
bɔt na in dɔn so, na dat nɔmɔ
tide dɛn go borayg yu te
de aks fɔ mɔ bɔku kɔpɔ

yɛstade we yu se
yu sik yu go ɔspitul
ɔlsay klin nɔs de du dɛn wok
jɛs lɛk dɛn ticha na dɛn skul

yɛstade dɔkta go de
metrɔn, pɔta, de pas pas
dɛn bizi, ɔlman de du dɛn wok
bɔt oya ɔl dat nɔ las

tide, if yu nɔ ebul pe
yu pikin nɔ go go gud skul
if yu nɔ gɛ kɔpɔ yu go day
bikɔs yu nɔ go prayvet ɔspitul

yɛstade wi bin de pe
siti ret to siti kansul
wi no wetin dɛn bin de du
dɛn nɔ bin de mek wi bikful

yɛstade dɛn bin de spre
di trit dɛn ɔl fɔ maskita
kech dɛn stre okuru dɔg
pe pɔsin fɔ klin gɔta

biliv yu mi, ɔl dat bin de bi
go aks yu grampa ɛn grani
na dat mek a sidɔm de kray
mek yɛstade kan bak bifo a day

tide di tɔŋ na dɔti kolombo
dɔti payl na trit
gɔta nasti gɔta smɛl
tɔk tru di tɔŋ nɔ swit

yɛstade layt bin de de
ol de ol nɛt; bɔt te nɔ sɔn ples stil dak
layt bɛtɛ, bɔt i nɔ de lɛk fɔstɛm
yɛstade, duya kan bak

as fɔ wata, nɔ fɔ tɔk
bɔku say pɔmp nɔ de rɔn

pikin dɛn de pas ol de
wit bokit, kyan ɛn fayv galɔn

tu tawzin ɛn ilɛvin na Salon
wi de tɔk bɔt mɛgabayt
wi gɛ mobayl fon ɛn fo-wil drayv
bɔt wi nɔ gɛt wata ɛn layt

50 ia wi stil de bega-bega
50 ia wi stil de tɛtɛ
na dis kɔrɔpshɔn ɔlɔbɔt
mek wi nɔ dɔn de bɛtɛ

50 ia agbalagba
pas dɛn gi wi ed
ed fɔ dis, ed fɔ dat
wi nɔ ebul mek wiyon bed

dis nɛt, a de go luk intanɛt
fɔ fɛnɔt if vaksineshɔn
nɔ de we Salon man go tek
fɔ tap pasmak kɔrɔpshɔn

yɛstade, kɔrɔpshɔn bin de
bɔt i nɔ bin pasmak
dis kɔntri nɔ go go bifo
te yɛstade kam bak

a dɔn kray te-e fɔ yɛstade.
kɔŋ kɔŋ kɔŋ. i tan lɛk se a yɛri nak
mek a rɔn go opin di do
sɔntɛm na yɛstade dɔn kam bak

MEK WI CHENJ SALON

mek wi chenj Salon
pipul dɛn de go, pipul dɛn de go
dɔn dɛn bigin fon
dɛn bigin aks se
aw wi de

ɛnitɛm dɛn fon
wi de tɛl dɛn se
wi stil de
ɔlman de tif inyon
na so wi de

na so wi de o. na so wi de
dɛn bɔbɔ de tif na be
dɛn big man de tif ɔp say
polisman de tek in brayb
i gɛ fɔ go gi in bɔs
da wan de de tek inyon fɔs

una kin lisin to U.K nyuz?
una bin yɛri aw dɛn Inglan minista de yuz
gɔvmɛnt mɔni?
dɛnsɛf dɔn bigin falamakata wi
bɔt sɔntɛn dɛn bin de du dat o!
na no nɔbɔdi nɔ bin no

75

ɛnisay yu go mankayn
dɛn ɔl de biev wankayn
mɔtalman awangɔt ɛn bigyay
kɔrɔpt pɔsin dɛn de ɔlsay
ɛnitɛm dɛn gɛt di chans
aw di bata de bit na so dɛn de dans

bɔt tu tin difrɛn
yanda we dɛn kech dɛn
dɛn de kɔl dɛn bay nem
ɔlman de ala, ' shem'
nɔmba tu
dɛn yon kɔpɔ bɔku
bɔt na ya we wi tek
natin nɔ de lɛf fɔ tek mek
di kɔntri fayn
so ɔltɛm wi de las na layn

wi minista dɛn miks insay
dɛnsɛf de it ɔlsay
ivin dɛn prinsipul
ɛn dɛn ticha na sɔm skul
ɛnisay we dɛn ebul
dɛn ɔl de tek dɛn yon

sɔm lɔya ɛn jɔj dɛn ɔl
parastetal dɛn big ɛn smɔl
yunivasiti lɛkchɔra dɛn nem kɔl

ɔmɔs yu go lik pan tɛn pɛns sɔl?
nɔto pis nɔmɔ wi want
di kɔntri in kɔpɔ na wi ɔl i blant

kɔpɔ nɔ de fɔ pe ticha
fɔ pe gɔvmɛnt dɔkta
wi ɔl no wetindu
di kɔpɔ nɔ de du
fɔ go rawnd to ɔlman na bikɔs
di tif ɔlɔbɔt tumɔs
ɛn na dɛn big man fɔ tap fɔs

if wi sheb di kɔpɔ gud
ɔlman go gɛ lili rɛs ɛn fis
datɛnde wi go liv in pis
bikɔs ɔlman at go bigin swit
we ɔlman gɛ tin fɔ it

dɛn wi se wi wan rɔnawe
rɔnawe? lɔdadede!
Salon man nɔ gɛ wan rɛspɛkt
udat fɔ blem fɔ dat
na wisɛf we tif lɛk muskyat

Salon tide na wi yon
bɔt mek wi chenj Salon
bikɔs ɔl wi bif dɔn tɔn to bon
ilɛk wi gɛ pis sote

if Salon nɔ chenj tide
bɛtɛ nɔ go de – if
wi nɔ lɛf dis pasmak – tif

aw fɔ tap dis tif tif ya
if man tif, na fɔ sak am na wok
pul am kɔmɔt de, nɔto jok
nɔto aw, ɔ if, ɔ bɔt
fɔ gɛ maynd fɔ pul bred na in mɔt
nɔ so, na so wi go de
aw –wi – de – so......te go

SALON NA WI ƆL YON

na Salon
we na wi ɔl yon
muslim ɛn kristiɛn de fayn
lɛk mi ɛn mi padi Zayn

wi rilijɔn difrɛn
mi ɛn mi frɛn

BƆT
di biliv we de na wi at
Gɔd ɔ Ala we de na wi mɔt
nɔ de mek wi mek wamat
wi nɔ de fɛt wi nɔ de bɔn-at

mi mared na Wɛsli
Zaynab go de wit mi
inyon mared a sidɔm na grɔn
insay mɔsk te ɔltin dɔn

wi rilijɔn difrɛn
mi ɛn mi frɛn
bɔt wi ɔltu de fayn
mi ɛn mi padi Zayn

Salon
na wi ɔl yon
kristiɛn ɛn muslim de fayn
lɛk mi ɛn mi padi Zayn

bikɔs Salon
na wi ɔl yon

fas mɔnt tu tri big pan
ful wit ɔt rɛspap mɔs kam
mi nɔ go put ɔgfut pan
it we a sɛn fɔ am

a gi am krismɛs kad
i nɔ tink se dat bad
a wak di sunakati
we Zaynabu sɛn fɔ mi

mi ɛn mi frɛn
wi rilijɔn difrɛn
bɔt wi ɔltu de fayn
mi ɛn mi padi Zayn

bikɔs Salon
na wi ɔl yon

a go in mami bɛrin
a gi am kasanke

wi nɔ go bɛringrɔn
bɔt a sidɔm to am ol de

in kray wit mi na wekin
ol mi an na mi mami bɛrin
insɛf wɛr di layt gre kɔtin
insɛf opin imbuk ɛn siŋ

wi rilijɔn difrɛn
mi ɛn mi frɛn
bɔt wi ɔltu de fayn
mi ɛn mi padi Zayn

bikɔs Salon
na wi ɔl yon

wi ɔl gɛ fɔtide
wi ɔl gɛ kɔmɔjade
wi nɔ de fɛt ɛn kɔs
wi de sidɔm de bɔs

ɔdasay dɛn kin fɛt
te dɛn pwɛl dɛn kɔntri
lɛf dɛnsɛf pan dɛt
chɔch ɛn maslasi

bɔt Salon
na wi ɔl yon
kristiɛn ɛn muslim de fayn
lɛk mi ɛn mi padi Zayn

bikɔs Salon
na wi ɔl yon

i go gud if

Mende kisi Timini
Lɔkɔ kɔnɔ kɔrankɔ
kru krio ɛn Soso
Limba Fula Madinga
Gola Shebra Yalunka
krim ɛn Vay
wi ɔl na Salon de fayn
lɛk mi ɛn mi padi Zayn

wi ɔl na Salon fɔ de fayn
lɛk mi ɛn mi padi Zayn

bikɔs Salon
na wi ɔl yon

MƆDƐNLƆ

a wan tɛl una sɔntin
sɔntɛm una nɔ no
so opin una yes ɛn listin
se mɔdɛnlɔ – swit o!

a dɔn no naw se
dɛn mɔdɛnlɔ stori
dɛn nɔto tru
dɛn ɔl na kori

dɛn kin jɛs de lay
pan dɛn po mami
mek a tɛl una tide
bɔt miyon mɔdɛnlɔ Emi

frɔm di de we a mared in bɔy pikin
i nɔ wande intafia
if i tink se a nɔ de mɛn in pikin gud,
i nɔ se wan wɔd – i bia

mi mɔdɛnlɔ gri fɔ mi
i nɔ wande tɔk bɔt mi pɔt
if i si ɛnitin we i nɔ lɛk
i nɔ se wan wɔd – i sɛt mɔt

mi mɔdɛnlɔ kin ɔndastand
mi a nɔ lɛk kichin
bɔt Emi tek mi so
ɔda inlɔ dɛn bin fɔ se dat na sin

we a jɛs mared a go de wit mi 'hot pants'
wi bin kɔmɔt sɔm kɔnsat ɔ dans
a min se mi mɔdɛnlɔ go tɔk – usay
leta i tɛl mi se in jɛs se, 'Emi, pul yay'

i nɔ wan no if mi pala chakra
i kin mek nɔ si, i put in yay fa
a bɔn tu gyal pikin, i gi mi jɔy
i nɔ wande se we di bebi bɔy

i lɛf mi fɔ go miyon chɔch
in go in Wimɛns Fɛloship
i nɔ koks mi fɔ fala am
mi go mi prez ɛn wɔship

mi mɔdɛnlɔ na pɔsin
i nɔ mek a fil se a nɔ fit
fɔ mɛn in bɔy pikin
i mek mi mared os swit

a sɔri fɔ
una ɔl we nɔ
gɛt mɔdɛnlɔ

84

Iɛk Emi Magrɛt Prat
na mi Gɔd blɛs wit dat

mama a tɛl yu tɛnki
fɔ we yu tek mi
wit ɔl yu at
Gɔd blɛs yu fɔ dat

NA BEBI GYAL

nya– a a nya
'yɛri we i de ala

na wetin?' 'na bebi gyal.
in grani dɔn gi am nem Val.'
'mi pikin, a gi yu jɔy
di nɛks wan go bi bebi bɔy
mek a tot di bebi
yu sabi dis grani?

nɛks tumara fɔ bo in yes,
ɛn fɔ mek in tu kɔpɔ na in wes
we i dɔn big smɔl.
nɔ fɔgɛt fɔ sɛn kɔl
Grani Sera fɔ kam mol in ed.
we yu grap kɔmɔt na bed,
mɔs gi mi kɔpɔ mek a bay
tiro fɔ put na in yay.

ɛvri de we i dɔn was
yu go de drɔ in nos mek i nɔ go mas
dɛn yu rɔb am wit dɔni
rɔb am, ɔl in bɔdi
ɛnti yu gɛt Sisi in ɔja dɛm,
na fɔ bigin tay am na bak wantɛm
tinkya na slip yu wan slip so?

a de tɔk tumɔs ɛn? - a de go

we i dɔn big lilibit
if i nɔ gri fɔ it
yu go ol am so, na yu lap
nak am dɔŋ mek i drink in pap
bɔt we yu na aristo
yu go se nɔ fɔ fid am so.
i de ikɔp. na fɔ gi am kata
mek i go go tot wata

luk we yu de bay fɔl pan mi
mek a tray ol rod bifo yu drɛb mi
a dɔn lɛf os dis Gɔd mɔnin
a grap bifo do klin
ɛn a gɛ fɔ pas kutɔŋrod makit
if nɔ so tide Ɔtɔ nɔ go it
ɛn na tru Estin a kɔmɔt
mek a put bebi bak na in kɔt

a dɔn kip kɔmpin. a de go
wi go si na di pul-na-do
a no se yu de laf mi. a no
a de go. Mami tɔk tɔk de go
sɔntɛm a go pas bak Sɔnde
if nɔ so wi go si na di kɔmɔjade
e! a bring smɔl blak sop fɔ yu
a de go. Gɔd blɛs una ɔltu

DI ROZ

kɔŋ kɔŋ kɔŋ – udat da–wan–de
kɔŋ kɔŋ kɔŋ – a se udat de nak
na yu wi kan to sa
dis let awa– una go go kam bak

duya wi beg. wi nɔ kam fɔ bad
fɔ bad o, fɔ gud o– i dɔn tu let
una go go kam bak tumara
mi dɔn lɔk mi get

wi nɔ go ebul kam bak tumara
bikɔs wi kɔmɔ fa
ilɛk una kɔmɔ Funkya
a nɔ de opin mi get dis let awa

aw una go jɛs kam nɔmɔ
de kan nak na mi do dis awa
una go bak usay una kɔmɔ
una lɛf fɔ mek nɔys pan pɔsin

sɔntɛm de na rɛbɛl ɔ sɔm savis tifman
man nɔ no udat de waka wit gɔn ɔ nɛf
lɛk aw kɔntri dɔn bad so
sɔntɛm na beg dɛn kam beg sɛf

88

Pa, tifman nɔ go kɔnk na domɔt
wi nɔto rɛbɛl, wa dɔn dɔn
natin nɔ fɔ mek yu at kɔt
wi nɔ ol nɛf wi nɔ ol gɔn

ɛn nɔto beg wi kam beg
na wan impɔtant wɔd wi wan tɔk
wɛl, una tɔk nɔ, a de yɛri
nɔ o – opin dis get ya we lɔk

wi na rɛspɛktebul pipul
so ɔldo dis wɔd nɔto sikrit
wi kyant jɛs tɔk am gbangbaode
di wɔd tu ebi fɔ tɔk am na trit

hm! Jebɛz, opin di get
mek dɛn kan tɔk dɛn wɔd dɛn go
ɛn if una bigin du ɛnitin awt ɔf di we
na mi dɔg dɛn go put una na do

ya! Ya! Ya!
una tek tɛm aw una de mas mi kapɛt
wɛl, wetin na dis wɔd
na simpul mata – wi nɔ kam fɔ fɛt

wi pikin bin de waka nain i apin
se i mistek luk oba yu get
nain i si wan rɔz na yu gadin

from da de de i nɔ slip i nɔ it

di roz jɛs mek in mol mas
i se in lɛk am bad
i sɛn wi fɔ kan aks yu fɔ gi wi
dis roz we de gro na yu yad

e! e! wetin dat?
una jɛs lɔki mi nɔto pɔsin wit wam at
he! he! dis wɔd ful mi mɔt
una se mi roz nain una wan mek a kɔt?
wande a nɔ yɛri wɔd lɛkɛ dis
una gɛ maynd o! bɔt una mis

usay una kɔmɔt? Adɔnkia?
una sabi aw fɔ mɛn flawa?
una sabi fɔ koks ɛn kɔt ɛn wata
dɛn dɛliket roz so dat dɛn nɔ go skata?

una no wetin i min fɔ kɛ?
fɔ pe transpɔt go tek manyɔ na Bomɛ
fɔ pe lɛ dɛn bring wata kɔmɔ Lɛtɛ
dɛn mɔnt we ren nɔ kam bɛtɛ

Mista Makɔli, nɔto fɔ se o
bɔt aw wi kan ya tide, wi no
wi yɔŋman in dadi de wok na ay kɔmishɔn
ɛn Ayɔrinde insɛf gɛt inyon bank profɛshɔn

if yu wan no mɔ bɔt dis famili
in di ia nayntin fifti zot
dis yɔŋ man in dadi in dadi
na in signechɔ bin de na bank not

in mami na bin dɛn Dɔndas strit Gaba
we i lɛf skul i go bi sɛktri
in yon dadi bin wok na Fabra
afta i ritaya na trɛzhri

duya yu go ɛkskyuz wi Sa
if wi tek di libati
fɔ tɛl yu bɔt Ayɔ in bank akawnt
we i gɛt ya ɛn oba si

na di famili is dis
we kam na yu os tide
fɔ kan aks yu fɔ gi wi yu roz
fɔ wi yɔŋman Ayɔrinde

una sidɔm, sidɔm,
a nɔ bin no udat una bi
a sɔri a bin tay fes
dis na famili we wi ɔl sabi

Peshɛns, ɛnti yusɛf gri
fɔ mek wi tɔk wit dis famili

yɛs dadi, mek wi sɛn kɔl Talabi
fɔ go pik da yala roz fɔ wi

wetin yu de grap fɔ
nɔ nɔ nɔ nɔ
jɛs peshɛnt smɔl Mista Rozinyɔ
Talabi go kam bak jisnɔ

yu kyant go pik di roz yusɛf
nɔbɔdi nɔ de gi mi fadin
fɔ gro ɛn mɛn mi rozis
so nɔbɔdi nɔ de go na mi gadin

Mista Makɔli mek a nɔ tɛl yu lay
dis roz ya we yu bring kam, i fayn
bɔt di wan we Ayɔ tɛl wi fɔ kan tek
na wan ɔda difrɛn kayn

da wan de in nɔto dis kɔla
duya sa, yu nɔ gɛt ɔda roz dɛm
di wan we wi want, in rɔju
wi go kam fɔ dis wan ya ɔda tɛm

wɛl, una bin fɔ dɔn tɔk di kayn we una want
i go bi se na da dɔbul roz i si
titi, go pik da rɛd dɔbul roz
di wan we de nia da bɔlɔgi

e Mista Makɔli, nɔ fil bad o
bɔt nɔto dis wan dɛn sɛn wi fɔ
di roz we wi want nɔ big so
wi want rɔju, nɔto gbajumɔ

hm. dis ɔda roz insɛf fayn
bɔt nɔto dis wan ya dɛn sɛn wi fɔ
dis wan ya nɔ luk gro dɔn yet
na fɔ wata am lilibit mɔ

wɛl, pas una go kam bak nɛks ia
na di roz dɛn dɔn so – a nɔ gɛ mɔ
dɛn wan ya we una dɔn si
na dɛn dat nɔmɔ

wet o, wet o,
a gɛ wan las wan
di wan wit bɔku chuk chuk
we dɔn klem go pantap da pan

duya nɔ vɛks pan wi o
na beg wi go beg padin sa
bɔt dis nɔto di rayt wan
dis wan ya luk dɔn de wida

he! he! yɛri trɔbul
wetin dat, wetin una se?
una go na do wantɛm

Ayɔrinde ɔ no Ayɔrinde

ɛ-hɛn – ɛ-hɛn
Peshɛns yusɛf
da pink wan, mi bɛst ɔf bɛst
nɔ tɔk da kayn wɔd de – lɛf

Dowu, ebo nɔto so
na wi dɔn bigin tɔk to dɛm
sɔntɛm na da wan de dɛn si
mek wi peshɛnt dɔn dis wɔd wantɛm

da mi roz we de gro ɔnda di get
mek a nɔ tɛl yu lay a nɔ rɛdi
fɔ pat wit da wan de yet
a shɔ se nɔto da wan de dɛn si

bɔt if na da wan de una si sɛf
a no se una dɔn taya
una nɔ mɛn mi wɛf
una go om, kam bak tumara

wi nɔ taya fɔ wet
wi nɔ si di rayt wan yet
wi yɛri se wan de nia de get
wi nɔ giv ɔp. wi go wet

us mɔt wi go tek tɛl Ayɔ
se wi nɔ ebul fɔ si
di roz we i sɛn we kan ya fɔ
nɔto kres i go kres pan wi?

Dowu, yusɛf gɛ bɔypikin o
Dowu, nɔ biev so
Dowu, a beg fɔ dɛm o
Dowu, pul da pink roz na do

E e e e
tɛnk Gɔd wi kan tide
e e e e
na di rayt wan dis we
wi kam ya fɔ tide
e e e e
roz fɔ Ayɔrinde

na di roz dis we wi want o
na dis roz wi pikin si
dis kalbas na fɔ wi yawo
dis roz ya, duya gi wi

yawo mami dɔn ansa yɛs o
na go wi de go, na go wi de go so
yawo mami dɔn ansa yɛs o
yawo mami dɔn ansa yɛs o

MARED DE TIDE

di yawo in mami ɛn dadi
nem mista ɛn misis kol
nɔto kɔmɔn yagba tide
tɛn Gɔd dɛn nɔ tu ol
fɔ di ɔp ɛn dɔŋ
we kin de na mared os

rays bred ɛn kek wansayna
chikin de fɔ ros
jɔlɔf rɛs de kuk
di smɛl de nak mi nos
bɔt smɔl bus bus mɔs de
wans na mared os

sɔf drink ɛn jinja bia
dɔn pak ay wan na kɔna
di ad lika fɔ flo
bɔt i nɔ go tu mɔna
bikɔs di fambul big
ɛn na mared, ɔlman go ib

di yawo in let lɛk ɔdɛ
dɛn stil de mek in ia
di fan na di chɔch nɔ de wok
na bia wi jɛs gɛ fɔ bia
dɛn dɔn kam! luk di chif braysmed

e; a mɛmba mi yon mared

lɔdavma dɛn nɔ sayn dɔn yet?
na di wanol chɔch dɛn de kɔl?
luk dawande in yon at
we i fiba futbɔl.
na naw dɛn de kam na do
a – bɔt Ɔrɛ fayn tide o!

una kɔmɔt na rod
di ɔntin dɛbul dɔn kam
luk we i de dans
digi dig digi dam
ib fɔ dɛm, nɔ fred
dis na Ɔrɛdɔla Kol in mared

mared nɔ de ya?
mared de!
yawo mami nɔ de ya?
yawo mami de
ɔkɔ mami nɔ de ya?
ɔkɔ mami de

ɔkɔ mami de!
yawo mami de!
ɛnjɔy di gumbe
day nɔ de!
day de?

day nɔ de!

yawo mami ebi so
luk am insay pala
mama yu si stayl
misɛf yon ashɔbi na bin yala
e, luk we dɛn de shire
dis na fɔ jɛs de kɔle

ibi ibi
gi dɛn kol wata
lɛ di gumbe bit
i boko boko bam, boko boko boko bata
lɛ di maylo insɛf nak
mared na fɔ dans, it, drink ɛn chak

ibi ibi ura
Sɔni ol am gud fɔ wi ya
ol am gud fɔ wi ya
poko poko pam, poko poko poko pata
shek yu wes, shek yu wes
ɛnjɔy di gumbe
shek yu wes, shek yu wes
mared de tide

PAT TRI
Krio Swit –Ɔda Fayn Tin Dɛn
(other Interesting Features)

DIS TAN LƐK DAT

1. ambɔg lɛk flay
2. at kol lɛk Basma frij
3. bad lɛk Fero
4. bad lɛk shak
5. bɛlɛ big lɛk ban
6. bɛlful lɛk tifman wɛf
7. bikful lɛk big to
8. blak lɛk dudu
9. bɔbi ɛng lɛk sɔks
10. bɔbi kak lɛk yɔŋ pɔpɔ na tik
11. chak lɛk bubu
12. cham lɛk got we dɛn lus
13. day lɛk dɔg
14. dɔti lɛk gbegi
15. dɔti lɛk grumumu
16. dray lɛk bonga bon
17. drɛs lɛk dɛbul
18. drɛs lɛk gɔbɔy
19. drɛs lɛk grɔngrɔbi
20. drɛs lɛk salad
21. drink lɛk fish
22. drɔnk lɛk pisis bebi
23. ed dray lɛk mach mɔnt kren–kre
24. ed shayn lɛk babu wes
25. fayn lɛk mami wata
26. fayn lɛk mɔnin sta

27. fayn lɛk tin fɔ it
28. fɛn lɛk trikɔpɔ silva
29. flat lɛk pata
30. frɛsh lɛk pit
31. frɛsh lɛk rensizin bɔlɔgi
32. fri lɛk bat
33. fut dray lɛk bantik
34. gɛt lɔŋ layf lɛk pus
35. gɛt na an lɛk jankro
36. gladi lɛk i fɛn gol
37. go lɛk Noaz dɔv
38. it lɛk brokɔn got
39. it lɛk wulf
40. jomp lɛk fritambo
41. jɛntri lɛk ronsho
42. kak lɛk kiŋ pikin
43. kray lɛk bebi
44. laf lɛk sobosobo
45. langa lɛk mamakpara
46. lay lɛk fish
47. lay lɛk yuki yuki
48. layt lɛk fɛdapila
49. layt lɛk fana
50. les lɛk fat
51. let lɛk ɔdɛ
52. lɛf biɛn lɛk wes
53. lip tik lɛk fɔs pat kawbɛlɛ
54. lɔŋ lɛk mɔnin pis

55. mɔt lɔŋ lɛk awujɔ fufu tik
56. mɔt rɔn lɛk dɔks wes
57. mek lɛk sok yuba
58. nos big lɛk bɛl
59. nos big lɛk bɛlɛuman drɔz
60. olɔp lɛk stach kaki
61. opin yay lɛk owiwi
62. os lik lɛk sifta
63. plɛnti lɛk piknik bif
64. prɛd lɛk pamayn na wayt plet
65. rare lɛk dɔg
66. rayt lɛk dɔks de go wɛdin
67. rɛd lɛk pamayn
68. rɛp lɛk Satide pɔmkin
69. rɔtin lɛk fish
70. rud lɛk briz
71. shek lɛk kokolif
72. shɔt lɛk egbere
73. shɔt lɛk gunk
74. shɔt lɛk paynt
75. siŋ lɛk enjɛl
76. slipul lɛk bebi we jɛs bɔn
77. smɛl lɛk gbegi ɔnda-am
78. smɛl lɛk rangot
79. sok lɛk akara
80. stink lɛk day arata
81. swit lɛk ketefe
82. tay lɛk kaw

83. tayt lɛk gumbe
84. tif lɛk kyat
85. tif lɛk mink
86. tinap lɛk Degɔn bifo di ak
87. tinap lɛk mɔnyumɛnt
88. tit lɛk kiŋ o
89. tranga lɛk babu bon
90. tranga lɛk bush kaw
91. tranga lɛk Limba dans
92. vɛks lɛk tik
93. wes flat lɛk pankek
94. wet lɛk shatin
95. wok lɛk jakas
96. wɔwɔ lɛk babu
97. wɔwɔ lɛk gɔ̇ŋgɔli
98. wɔwɔ lɛk trɔbul
99. yes kak lɛk dia we yɛri gɔn
100. yay smɔl lɛk chinch

USAY	USTƐM ?	ƆMƆS	KWƐSHƆN
usay i de.....	ustɛm i bi/go bi /kin bi	ɔmɔs de	wɔd dɛn fɔ aks kwɛshɔn
ya	bambay	af–af	aw
na ya	datɛnde	wan wan	awdat
yaso	datɛnwe	tu tri	awkɔm
oba ya	ɛnitɛm	wangren	ɔmɔs
yanda	ɔltɛm	lilibit	udat
oba yanda	sɔntɛm	kenkeni	us
yanda yanda	fɔstɛm	piɛt	usay
fawe	lɔntɛm	bɔku	uskayn
fafawe	lɔ-lɔntɛm	beberebe	uskanaba
de	jisnɔ	nɔf	uspat
bɔtɔm	ji-jisnɔ	nɔf nɔf	ustɛm
bɔtɔm–bɔtɔm	naw	ɔltin	uswan
ɔnda	naw naw	tumɔs	we
pantap	tide	pasmak	wetin
na do	trade	(i de) wɔp	wetin dat
insay	tumara	(i ful) pim	wetindu
ɔlsay	nɛks tumara	ɛnitin	wetin mek
ɔlɔbɔt	yɛstade	natin	
ɔdasay	de bifo yɛstade	natin natin	

104

sɔnsay	wantɛm	natin to natin	
(i nɔ de) ɛnisay	wantɛn–wantɛn	natin to tɔmsin	
(i nɔ de) nɔ we	wa–wantɛm	katiŋ	
	wan wan tɛm	dondo	
	wande–wande	arara	
	santɛm/ivintɛm		

WETIN WI DE IT

FRUT		PLASAS	MUMUYƐRƐ	KABƆAYD RET
apul	brɛdfrut	ajɛfao	achumɔ	agidi
banana	brɛdnɔt	arata yes	akara	ayrish pɛtɛtɛ
banga	chukchuk plɔm	bitas	akarakuru (rɛs akara)	binch
bɛri	damzin	bɔlɔgi	akparoro	ɛbɛ
blakplɔm	dita/gita	dray ɔkrɔ	awusa	fufu
blaktɔmbla	finga	ɛfɔnyɔri	bebibred	gari/fariny a
bɔbiwata	fiksplɔm	ɛfɔodu	bɛni kek	kasada
bɔtapia	gwɛva	grin	bɔns	koko

FRUT	PLASAS	MUMUYƐRƐ	KABƆAYDRET
karambola	it brok plet	brɛfrut chips	plantin
kushu	jublɔks alakpa	fura	rɛs
lɛmɔn	kabej grin	gari	rɛspap
lɔkɔs	kasada lif	granat(pach)	swit pɛtɛtɛ
malombo	kren-kren	granat(bwɛl)	yams
mangro	obiata	granat kek	
mɔnkiapul	ogumɔ	jɛli	
mɔnkibred	ɔkrɔ	jinja kek	
ɔrinch	pɛtɛtɛ lif	kanya	
paynapul	sawasawa	koknat kek	
pitanga	shakpa	kɔn(ros/bwɛl)	
pɔpɔ	shɔkɔtɔ yɔkɔtɔ	kɔngu	
rɔftin plɔm	tola	kramanti	
sawashap		lɔkɔs	
sɔpɔta		ɔlɛlɛ	
switishap		pɛpɛmint	
watamɛlɔn		swit bred	

WAN WƆD / TU WƆD

bɛnbɛn – pɔsin we nɔ tret. i de ple trik pan ɔda pɔsin fɔ tif dɛn

bɛn bɛn – if yu bɛn bɛn di baskit, i go brok. ol am gud.

bigyay – pɔsin we gridi, we de it tumɔs ɔ we want ɔltin fɔ insɛf.

big yay – yay dɛn we big

blakblak – bɔku blakblak de pan di rɛs.

blak blak – na blak blak dɔti kɔba am.

chukchuk – bɔgɔnvilia tik gɛt chukchuk, so fɔ tek tɛm ol am.

chuk chuk – di fɔl chuk chuk di kakroch dɛn i it am.

fatfut – a nɔ de fred fatfut bikɔs i nɔ de bɛt. i jɛs fiba katapila.

fat fut – in bɔdi big ɛn i gɛt fat fut dɛn we at fɔ kwis insay sus.

langlanga – na di ɔda nem fɔ snek.

langa langa – spayda tek wan langa langa rop tay rawnd in wes.

pikpik – in an nɔ de stɛdi. ɔltɛm i de pikpik. (de tif)

pik pik – pik pik ɔl di blakblak we de pan di rɛs.

sawasawa – a lɛk fɔ it fufu ɛn sawasawa.

sawa sawa – dis na sawa sawa ɔrinch. a nɔ ebul sok am.

wansay – min se sɔntin nɔ tret. i bɛn. yu nɔ fiks am tret. i wansay

wan say – put ɔl yu tiŋs dɛn wan say. nɔ skata dɛn ɔlɔbɔt.

wanwɔd – if wi mek wanwɔd fɔ du di sem tin, wi go win dɛm.

wan wɔd – ilɛk wetin i se, yu nɔ tɔk wan wɔd. nɔ se fiŋ.

waswas – a de fred waswas bikɔs i de bɛt.

was was –dɔkta dɛn kin was was dɛn an gud bifo dɛn du ɔpreshɔn.

NIALI DI SEM (Wɔd Fiba Wɔd)

FAT – abandawa galut gbajumɔ

NƆ TRET –adakadeke bɛnbɛn dabaru kalokalo rikishi yuki-yuki

BIGYAY – angribɛlɛ angrigɔt awangɔt bɛlɛbu bɛlɛwapi

NONSƐNS – bogobogo borobara botobata bɔnkɔm mɔnɔmɔnɔ nɔshi-nɔshi roboraba sobosobo tara tatarata

RƆF/ƆNTAYDI – chakachaka chakra(tiŋs) gugugaga jagajaga jangre(pɔsin) nyakanyaka

PƆSIN WE FUL BAD – chupit dɔkunu dɔnkɔ munku ɔdɔyɔ

BAD BAD DRAYAY – gbakanda gbana gbiŋgbiŋ

SMƆL TIN DƐN WE NƆ MIN NATIN BƐTƐ – janjaku janjanja jatijati

MEK PLABA – barɔf baranta chakra disple skatakrawd

PLABA/BIG FƐT – dombolo   gbosgbos   katakata
kuskas   yegeyege

TRƆBUL– karao mɔnɛ   nambara   trɔbul   wahala
waala/woala

KRIO SWIT

At		Yay
badat	at de de	babuyay
gudat	at ebi	badyay
saf–at	at ful	bigyay
sɔri—at	at gi (mi)	big na yay
ɛng–at	at nɔ gud	bɔlyay
bɔn–at	at ɔf man	drayay
kɔtat	at kam dɔŋ	fityay
shɔtat	at kol	gɛt yay
wamat	at kɔt	gi yay
Kolat	at layt	kɔnayay
ol at	at pwɛl	sabi yay
tay at	at swit	safyay
tranga at	at wam	swityay
at blid	at go fa	

NA AW YU TƆK AM

bata –i sabi bit <u>bata</u> gud. yu mɔs fil fɔ dans we yu yɛri.
bata –i <u>bata</u> di bɔbɔ we tif in kɔpɔ. na so in yay swɛl

baybay –a nɔ go se i kres o, bɔt i gɛt lili <u>baybay</u>.
bay bay –na go a de go so. wi go si tumara. <u>bay bay</u>

bɔbɔ –di <u>bɔbɔ</u> tu ambɔg. ɔltɛm i de fɛt.
Bɔbɔ –na <u>Bɔbɔ</u> mi grampa kɔmɔt. wi stil gɛt fambul de.

buli –di <u>buli</u> we tay na di pam–tri dɔn ful wit pamwayn.
buli –jɛs bikɔs yu bɔdi big nain mek yu wan <u>buli</u> mi?

koko –<u>koko</u> swit fɔ it na pɛpɛsup.
koko –frɔm we a fɔdɔm nain a gɛt dis <u>koko</u> na mi fut.

kɔpa –na di bɔku bia we i de drink gi am da <u>kɔpa</u> de.
kɔpa –na <u>kɔpa</u> waya dɛn jɔyn na di ilɛktrik pol.

Soso –mi dadi na <u>Soso</u> bɔt mi mami na Madinga.
soso –da rɛs de nɔ fayn. <u>soso</u> blakblak nain ful insay.

wata –a tɔsti bad. duya gi mi wan kɔp <u>wata</u>.
wata –pɔmp lɔk so wi nɔ ebul <u>wata</u> di plasas na gadin.

wɔwɔ –<u>wɔwɔ</u> min se di tin ɔ di pɔsin nɔ fayn.
wɔwɔ –if dɛn nɔ gi wi wi kɔpɔ wi go ple <u>wɔwɔ</u> insay de.

SAWND/NƆYS   ƐN DƐN WAN YA

laf – ki ki ki   a!

kray – wɛ wɛ wɛ   a–a

slap – pay!   e!

spot – kop kap/chɛpchɛp   e–e

waka – vyawvyaw   o–o

rɔn – kiti kata/kutukutu/gidigidi   a–an

it – hawn–hawn   an–an

drink – gɔ–gɔ–gɔk   ahan

swɛla – gɔk   chay!

lɔk – pap!   eya/oya/aya

brok – kpɛk/vap   ɛn?

fɔdɔm – bup (pikin)   ɛn–ɛn

kɔf – kpofoŋ kpofoŋ   ɛnti

bit – bup bap   ɛnti–ɛn

krep trot – krot krot   ɛhɛn

nak – kɔŋ kɔŋ kɔŋ   in–in

kɔl fɔl – ku–ku–ku   i in i

kɔl pɔsin – sssss   nm n nm

ala – ay! Way!   hm

pini – hm m   m hm (yɛs)

fray – chwɛnɛnɛ   nm nm (nɔ)

ren de kam – wa a a

wata de rɔn – chɔ ɔ ɔ

bɛl de ring – keleŋ keleŋ / gbeleŋ gbeleŋ

drɔm de bit – bum-bududum-bududum

fɔdɔm – budum/dubuŋ/gbifiti/gbok

gbogoloŋ/ gbogoloŋbaŋ

112

Ɔloba Di Bɔdi

di bɔdi insɛf	aw pɔsin tan
bojɔ	dɔgfut
bɔlyay	gotfut
bɔntit	fri–an
Faktit	krachan
Kaktit	kraybɛlɛ
Kakto	angribɛlɛ
Kakwes	gudbɛlɛ
Kobofut	fasmɔt
kɔtnɛk	mɔtmɔt
masmɔt	rɔnmɔt
Nakni	langatrot
Opintit	rɛdyay
rɔnbɛlɛ	trangayes

SƆM NEM WE DƐN KRIO LƐK FƆ GI DƐN PIKIN
(wit wetin dɛn min)

AYƆ – jɔy

1. Ayɔdele – jɔy kam na os.
2. Ayɔkunle – jɔy dɔn ful di os.
3. Ayɔrinde – jɔy waka kam insay os.
4. Ayɔtunde – jɔy dɔn kam bak.

DEJI – dɔbul

5. Adedeji – di krawn dɔn dɔbul.
6. Akindeji – di fɛtman dɛn dɔn dɔbul.
7. Ayɔdeji – jɔy dɔn dɔbul.
8. Ɔladeji – jɛntri dɔn dɔbul.

DELE – kam om

9. Bamidele/Bandele – kam om wit mi.
10. Ɔladele – jɛntri dɔn kam na os.
11. Ɔmɔdele – pikin dɔn kam na os.
12. Akindele – di fɛtman dɔn kam om.

FƐMI – lɛk mi

13. Adefɛmi – di krawn lɛk mi.
14 Babafɛmi – Papa lɛk mi.
15 Olufɛmi – Gɔd lɛk mi.
16. Ɔbafɛmi – di king lɛk mi.

IBI – pikin

17. Ibidu – fɔ bɔn pikin swit.
18. Ibilɔla – bɔnpikin na jɛntri.
19. Ibishɔla – bɔnpikin de bring jɛntri.

KUNLE – ful os

20. Adekunle – krawn dɛn dɔn ful di os.
21. Ayɔkunle – jɔy ful di os.
22. Ibikunle – pikin dɔn ful os

NIKƐ – Fɔ pɛt

23. Adenikɛ – fɔ pɛt di krawn .
24. Mɔrɛnikɛ – a dɔn fɛn pɔsin fɔ pɛt.
25. Olufunkɛ – Gɔd gi mi fɔ pɛt.
26. Onikɛ – fɔ pɛt dis pikin.

ƆLA – jɛntri/ɔna

27. Abiɔla – a bɔn kam mit fem.
28. Ajibɔla – a opin mi yay mit jɛntri.
29. Olushɔla – na Gɔd dɔn es mi ɔp
30. Ɔlabisi – fem de bɔku.
31. Ɔladipɔ – jɛntri dɔn bɔku.
32. Ɔladuni – i swit fɔ jɛntri.
33. Ɔlamide – mi jɛntri dɔn kam.
34. Ɔlatokumbɔ – jɛntri kɔmɔt obasi.
35. Ɔlayinka – ɔna de rawnd mi.

TUNDE – kam bak

36. Babatunde – Papa kam bak.
37. Iyatunde – Mama kam bak.
38. Akitunde – di fɛtman dɔn kam bak.
39. Ɔlatunde – ɔna kam bak
40. Ɔmɔtunde – pikin kam bak.

TWIN

41. Taywo – di twin we bɔn fɔs.
42. Kainde – di twin we bɔn sɛkɛn.

115

43. Idowu/Dowu – di fɔs pikin we bɔn afta twin.
44. Alaba – di sɛkɛn pikin we bɔn afta twin.

US DE DI PIKIN BƆN?

45. Abiɔsɛ/Kwesi – pikin we bɔn Sɔnde.
46. Ajua/Kojo – pikin we bɔn Mɔnde.
47. Kɔbina – pikin we bɔn Tyusde.
48. Kweku – pikin we bɔn Wɛnsde.
49. Aba – pikin we bɔn Tɔsde.
50. Kofi – pikin we bɔn Frayde.
51. Kwami – pikin we bɔn Satide.

ƐN DƐN NEM YA

52. Chidi – Gɔd de.
53. Chidikɛ – Gɔd pawaful.
54. Modupɛ – a tɛl Gɔd tɛnki.
55. Olubumi – na Gɔd gi mi.
56. Ɛbunɔlɔrun – Gɔd gi mi.
57. Alafia – kolat.
58. Ɛkundayɔ – kray dɔn tɔn to jɔy.
59. Olurɛmilɛkun – Gɔd wep mi yay.
60. Rɛmilɛkun – gladi afta kray.
61. Durosimi – sidɔm lɛ yu go bɛr mi we a day.
62. Malɔmɔ – nɔ go bak igen.
63. Ɔmɔdeinde – di pikin kam bak.
64. Iyabɔ – mama dɔn kam.
65. Tanimɔla – nɔbɔdi nɔ no wetin go bi tumara.

PAT FO

KRIO NANSITORI DƐM

1. WETIN MEK BABU WES DE SHAYN

wan de ya, bad bad angri bin de na tɔŋ. di bif dɛn ɔl
bin dɔn dray dray. soso bon bon. wan flɛsh nɔ bin de
pan dɛn. na so dɛn skin bin jɛs ɛng pan dɛn bon.
sɔntɛnde tri de dɛn nɔ ba it arara. if dɛn fɛn sɔn smɔl
tin fɔ it lɛk awusa, dɛn cham am, fɔ swɛla am sɛf dɛn
trot kin at bikɔs dɛn nɔ dɔn swɛla natin fɔ tu tri de.
wɛn di tin dɔn mɔna dɛn, nain dɛn mekɔp se dɛn go ɔl
mitin, mek ɔlman ɛng ed fɔ si wetin fɔ du. na dis mitin
ya, dɛn gri se wan bay wan dɛn fɔ kil dɛn mami ɛn it
am; bikɔs afta ɔl, dɛn mami dɛn dɔn liv lɔŋ na dis wɔl,
dɛn dɔn ɛnjɔy, so if dɛn day naw, i nɔ bad.

so dɛn bigin fɔ du dat. we dɛn kil Bra Dɔg in mami, dɛn ɔl it am. dɛn kil Kɔni Rabit in mami, (pikin dɛn) – 'dɛn ɔl it am' bɔt wɛn i rich Trɔki yon tɔn fɔ briŋ in mami kam, i tɛl dɛn se in yon mami dɔn day. bɔt na lay O! biol biol, i bin dɔn go ayd in mami ɔp klawd. we dɛn dɔn it ɔl di mami dɛn dɔn, angri bigin ros dɛn bak. dɛn bigin dray bak. bɔt Bra Trɔki in bin jɛs de fat. dis tin dɔn mɔna Bra Kɔni Rabit. so i bigin de fala Trɔki ɛni say we i go, bɔt i kin de ayd mek Trɔki nɔ si am. wan de, aw i ayd biɛn wan patmanji bush, nain i yɛri Trɔki de siŋ,

(pikin dɛn):   "sɛn chen, sɛn chen mama sɛn chen."

nain i wach: i si Trɔki de luk ɔp klawd de siŋ

(pikin dɛn):   "sɛn chen, sɛn chen mama sɛn chen. sɛn chen, sɛn chen mama sɛn chen".

i de wach i de wach, nain i si wan langa chen kɔmɔt ɔp klawd kan dɔŋ. Trɔki ɛng pan di chen dɛn i bigin siŋ,

(pikin dɛn):   "drɔ chen, drɔ chen mama drɔ chen; drɔ chen, drɔ chen mama drɔ chen".

nain di chen bigin go ɔp ɔp ɔp te i lɔs ɔp klawd. Kɔni Rabit sidɔm de wet. i nɔ tu te, nain di chen kan dɔŋ bak, Trɔki jomp kɔmɔt pan am. na so in mɔt de shayn. i wep in mɔt; i wep in an na in fut; dɛn i bɛlt bi big wan. i go in we. Bra Rabit jɛs ɛng mɔt. i se to insɛf, O-O. so na so trɔki bin de du. in mami nɔ bin day natin; i go ayd am ɔp klawd, dɛn i de go to am, i it bɛlful, dɔn i kan dɔŋ bak kan mek wi ful se insɛf angri lɛk wi. nain Kɔni Rabit rɔn go ful bo go tɛl ɔl di ɔda bif dɛn wetin i si trɔki du. na so di wɔd de pas – "Trɔki in mami nɔ day o, i de; Trɔki in mami de o, Trɔki in mami de; i de go it to am." bifo Jakɔ kɔt yay dɛn ɔl dɔn gɛda usay dɛn bin ol di fɔs mitin; Gini Ɛn, Minista Bɔd, Bra Babu, Bra Dɔg, Bra Lɛpɛt; ɔl di bif ɛn bɔd dɛn gɛda. dɛn se mek Kɔni Rabit go sho dɛn usay Trɔki bin de siŋ. so dɛn ɔl go. we dɛn rich de, Rabit sho dɛn di siŋ bak. dɛn se mek Pɛpɛ Bɔd siŋ. una no se Pɛpɛ Bɔd lili. in gɛt smɔl vɔys. Pɛpɛ Bɔd siŋ,

(pikin dɛn): "sɛn chen, sɛn chen mama sɛn chen.
sɛn chen, sɛn chen mama sɛn chen."

Trɔki in mami yɛri bɔt i se to insɛf, "nɔto mi pikin dat. mi pikin in vɔys nɔ smɔl so." so i nɔ sɛn di chen. we di chen nɔ kan dɔŋ, di bif dɛn se mek babu siŋ. Babu in gɛt big vɔys. i siŋ,

(pikin dɛn): "sɛn chen, sɛn chen mama sɛn chen.

120

sɛn chen, sɛn chen mama sɛn chen"

Trɔki in mami yɛri. i se to insɛf, "nɔto mi pikin dat. mi pikin in vɔys nɔ big ɛn rɔf so." so i nɔ sɛn di chen. we di chen nɔ kan dɔŋ, di bif dɛn ɛng ed bak. dɛn gri se, mek Got siŋ. In yon vɔys nɔ tu smɔl, i nɔ tu big. Got siŋ.

(pikin dɛn):   "sɛn chen, sɛn chen mama sɛn chen.
                      sɛn chen, sɛn chen mama sɛn chen"

we Trɔki mami yɛri, i se, "ɛ-hɛn, na mi pikin dawande." so i sɛn di chen. nain ɔl di bif ɛn bɔd dɛn ɛng pan di chen. na Babu bin de las. Bra Got siŋ bak,

(pikin dɛn):   "drɔ chen, drɔ chen mama drɔ chen.
                      drɔ chen, drɔ chen mama drɔ chen"

so Trɔki in mami bigin drɔ di chen go ɔp. i de wɔnda se, aw mi pikin ebi so tide, bɔt i de drɔ di chen. nain wantɛm Trɔki bɔs na di say we dɛn de. aw i si wetin de bi, i nɔ du wan i nɔ du tu; i jɛs bigin ala

(pikin dɛn, una siŋ fasfas):   "kɔt   chen,   kɔt   chen mama kɔt chen.
                      kɔt chen kɔt chen mama kɔt chen".

nain di mami rɔn go tek wan shap nɛf, i kɔt di chen fyanw! ɔl di bif dɛn fɔdɔm na grɔn -bup! dɛn ɔl fɔdɔm pantap dɛn kɔmpin. Babu we na in bin de las, wap in wes pan wan akpata we bin de na grɔn. di ston krep ɔl in ia kɔmɔt na in wes, ɛn te tide, di ia nɔ gro bak. na dat mek babu wes de shayn.

Stori go, stori kam, i lɛf pan UNA.
a dɔn pul stori bɔt wetin mek babu wes shayn. naw, a de kam gi una sɔm krio parebul bɔt babu.

1.   dɛn se u wɔwɔ pas ɔl go tot wata, babu bɔs kray.
2.   babu wok mɔnki it.
3.   babu lɛk ala yu go gi am wachman wok.
4.   If yu fala babu fɔ in wɔwɔ yu go bit am te yu kil am.

2. WETIN MEK FƆL ƐN KAKROCH NƆ GRI

IL / AW

fɔs fɔs tɛm, Fɔl ɛn Kakroch na bin tayt padi. ɔlsay na dɛn tu de go. dɛn jɛs de lɛk Tatu ɛn Yawa. dɛn kin wɛr wankayn frɔm dɛn ed te rich dɛn fut. dɛn kin wɛr wankayn yerin ɔl. bɔt wan tin we difrɛn, fɔl bin ebul wok, bɔt Kakroch in bin les bad. goin ɔn goin ɔn, dɛn mekɔp se dɛn ɔltu go go tap na wan os, ɛn dɛn go mek fam. dɛn gri se na rɛsfam dɛn go mek. so ɔlman muf in tiŋs kɔmɔt usay i bin de, dɛn go tap togɛda. we tɛm rich fɔ go klia di bush fɔ plant sid, Kakroch se in nɔ fil wɛl. in ed de at am bad, so i nɔ go. Fɔl in wan gren go, i kɔt tik, i bɔn di bush, i klia ɔl di af af tik dɛn na grɔn.

bɔt as fɔl lɛf di os so da mɔnin de, nain Kakroch grap na bed, i kuk, i it bɛlful, dɛn i bigin dans ɛn siŋ.

(pikin dɛn): 'a mek fɔl ful O, kongosa
a se a sik O, kongosa
sik mi nɔ sik O, kongosa
sik mi nɔ sik O, kongosa
jigi jigi fɔl fut, kongosa.'

na so fɔl de go na di fam ɛvri de go wok. as do klin so, i dɔn ol rod. i kin wok ol de, te ples wan bigin dak,

bay dɛn sɛvin oklɔk, nain i kin go na os bak. ɛvri de
Kakroch se in sik. wan de in ed de at; di nɛks de i gɛ
rɔnbɛlɛ; afta dat, i se di rɔnbɛlɛ dɔn mek in tu wik fɔ
kɔmɔt. we i se in wik, Fɔl kuk soba pɛpɛ sup fɔ am
bifo i lɛf os. afta tu tri de we i dɔn pik trɛnk bak, i go
na di fam fɔ wangren de, dɛn di nɛks de, i rap insɛf
gud wit blankit, i bɔl na di bed, i bigin trimbul lɛk se i
gɛt egyu. Fɔl sɔri fɔ am fɔ dis maleria we dɔn nak am
dɔŋ so. i go pik ejiri, bwɛl am fɔ am ɛn mek i drink am
fɔ di maleria. as Fɔl go so, Kakroch grap na bed, i
was, i it gud, dɛn i bigin dans ɛn siŋ

(pikin dɛn): 'a mek fɔl ful O, kongosa
                a se a sik O, kongosa
                sik mi nɔ sik O, kongosa
                sik mi nɔ sik O, kongosa
                jigi jigi fɔl fut, kongosa'

na so i de es in wiŋ dɛn we di dans de swit am. bɔt dɛn
neba kin de yɛri dis siŋ ya. dɛn kin de wach na winda.
dɛn kin de si kakroch de siŋ ɛn dans. dɛn de tink se,
wetin de bi? uswan dis? dɛn de vɛks fɔ Fɔl. so wan
de, we di tin dɔn mɔna dɛn, wan neba go tɛl Fɔl ɔl
wetin de bi. Fɔl nɔ wan biliv. e! in padi nɔ go du am
so. i tink, i tink. dɔn i mekɔp se, in go go fɛnɔt fɔ
insɛf wetin de bi we in lɛf os.

di nɛks de, Kakroch se, we in bin grap fɔ go na yad na nɛt, nain in bɔk in fut, in fɔdɔm. so i ol in wes, i kak in to, i bigin waka lɛk, 'ton gi mi rod, jiga de kam,' fɔ sho se in fut de at am. Fɔl tɛl am ɔshya. i go bwɛl wata i wam di say we Kakroch se de at am, dɛn i rob di fut wit ori bifo i lɛf am go. bɔt i nɔ go fa o, i wet lilibit, nain i tɔn bak kam na os. i luk na winda. lɔdamasi! i si Kakroch de siŋ ɛn dans.

(pikin dɛn): 'a mek fɔl ful O, kongosa
a se a sik O, kongosa
sik mi nɔ sik O, kongosa
sik mi nɔ sik O, kongosa
jigi jigi fɔl fut kongosa.'

in wiŋ dɛn de es ɔp ɛn dɔŋ lɛk se i wɛr telkot.
e! ɛnti una no se wan wan tɛm fɔl kin flay? Fɔl so vɛks, dat na flay i flay go insay di os. as Kakroch si am so, i rɔn fɔ go ayd. Fɔl rɔnata am, i kech am, i chuk am ɛn it am.
frɔm da de de, ɛnisay fɔl si kakroch, if i ebul kech am, i mɔs chuk am ɛn it am.
na dat mek fɔl ɛn kakroch nɔ gri.

Sɔm Parebu Bɔt Fɔl Ɛn Kakroch
1.   kakroch nɔ gɛ pawa na fɔl kɔntri.
2.   we kakroch wan alaki i de fɛn pamayn bɔtul.
3.   da fɔl we nɔ yɛri 'shi' go yɛri ston.
4.   da briz we de disgres fɔl na biɛn am i de kɔmɔt.

3. PIK ƐN CHUZ NƆ GUD

IL / AW
wan de ya, wan gyal pikin bin de. i bin fayn bad. if yu
si in kɔt nɛk ɛn in bɔlyay. we i laf, in bojɔ dɛn kin jɛs
de wink to yu. we yu si am nɔmɔ yu fil fɔ bɔn gyal
pikin. i bin fayn lɛk tin fɔ it. as fɔ we i de spot, in wes
kin de go jigi jigi – lɛk tu bɔl fufu. ɔl dɛn yɔŋman wan
fɔ mared am. bɔt ɛniwan we kan aks fɔ am, i kin fɛn
fɔlt wit dɛn. dis wan ya tu dray; "luk we in dray lɛk
bonga bon". dawande tu fat. di ɔda wan gɛ kobo fut.
"he he, dis na bɔys kobo". di nɛks wan gɛ nakni.
dawande in tu shɔt. "mi go mared man we shɔt lɛk
egbere? hm!" di ɔda wan tu langa. "luk we in
lengelenge. i fiba lɛk se if briz blo am i go fɔdɔm."

dis gyal gɛt wɔd fɔ tɔk bɔt ɔlman. dawande blak lɛk
dudu; dawande in rɛp lɛk Satide pɔmkin; di ɔda wan in
yon lip tik lɛk fɔs pat kawbɛlɛ. di ɔda wan in gɛ
masmɔt. e-e. i de fɛn fɔlt wit ɔl udat kam fɔ mared
am, ɛn de laf dɛn. nɔbɔdi nɔ de satisfay am. nɔbɔdi
nɔ fit fɔ mared am.

in mami ɛn dadi dɛn fɛdɔp wit am; dɛn gens.
nain wan dɛbul yɛri bɔt am. i mekɔp se in mɔs mared
dis uman ya. in go lan am sɛns. di dɛbul go lɛnt an ɛn
fut. i lɛnt fes, so i go fiba pɔsin. i go lɛnt fayn fayn

126

klos. dɛn i drɛs gud fɔ kan aks fɔ mared dis gyal ya. if yu si in frɔkot ɛn biba. i go na di trit we di gyal tap, i de waka kop kap, kop kap, de kam. in blak petɛnt sus dɛn de shayn lɛk lukin glas. di silva bɔkul dɛn na in sus de se, 'luk mi, luk mi.'

di titi luk oba winda we i yɛri dis kop kap. as i si di man so, i rɔn go insay pala de ala, "Mama, Papa, a dɔn si di man we a wan mared. a dɔn si di man we a wan mared." di man nak na di domɔt, kɔŋ kɔŋ kɔŋ. kɔŋ kɔŋ kɔŋ. dɛn opin di do fɔ am. i tɔk se in wan mared dis yɔŋgyal. bɔt di gyal in mama ɛn papa nɔ bin want dat, bikɔs dɛn nɔ no natin bɔt dis man.

na wiyon kɔntri te tide, if yu wan fɔ mared pɔsin, yu pipul dɛn wan fɔ no bɔt in fambul dɛn. dɛn nɔ go satisfay te dɛn no usay i kɔmɔt, ɛn udat i bi. dɛn wan no in mami ɛn dadi, in grani ɛn grampa, usay dɛn bin de, wetin dɛn bin de du; te dɛn satisfay bifo dɛn go gladi fɔ da mared de. dat na bikɔs noto di yɔŋman ɛn yɔŋgyal nɔmɔ de mared o. na ɔltu di fambul dɛn de kam togɛda.

so, dis mami ɛn dadi wan fɔ no bɔt dis man. di vilej we i se in kɔmɔt, dɛn nɔ yɛri da nem de wan de. nain di gyal in pipul dɛn se mek i wet tu tri mɔnt mek dɛn de sayz am ɔp. bɔt di gyal nɔ gri. i se na dis man in lɛk, ɛn in wan mared am wantɛm. in pipul dɛn tɔk te dɛn trot os. di gyal se – natin.

so, dɛn mek dis mared. bi– big mared, bikɔs na dɛn wangren gyal pikin. dɛn kɔl di wanol vilej. dɛn kil wanol kaw. ɔlkayn tin bin de fɔ it; jɔlɔf rɛs wit ɔl di krichɔz na di styu, ros chikin, ros bif, kawtɔŋ, kawtel, fishbɔl, mitbɔl, salad –if yu si di salad – ɔltin de insay, lɛk dɛn prɔpa krio salad. as fɔ di drink, nɔ fɔ tɔk. dɛn mek wan drɔm jinja bia, bifo yu bigin tink bɔt sɔf drink ɛn ɔl di ad lika. di de fɔ di mared, frɔm Gɔd mɔnin na in di gumbe dɔn bigin nak.

ɔrayt, mared dɔn. di yawo ɛn ɔkɔ ol rod naw fɔ go na dis man in vilej. in pipul dɛn tɛl am se mek in lili brɔda go wit am fɔ de go ɛp am na in mared os. bɔt di gyal nɔ gri. dɛn tɔk faya, di gyal nɔ gri. i bin de shem fɔ in brɔda bikɔs di bɔbɔ bin gɛt krɔkrɔ ɔloba in bɔdi. bɔt di brɔda in bin lɛk in sista bad. so aw dɛn de go, i ayd de fala dɛn. bikɔs dɛn nɔ no natin bɔt dis man, i nɔ bin wan lɛf am so mek i go in wan. if ɛnitin go du am na trenja kɔntri, man kyant tɛl.
as dɛn de go so , nain di man in biba fɔdɔm kɔmɔt na in ed. in wɛf se, "luk yu biba dɔn fɔdɔm, mek a pik am fɔ yu." di man se,

ɔɔ(pikin dɛn)– 'lɛf am de, na de yu mit am.'

dɛn de go, dɛn de go, wantɛm di man in frɔkot kɔmɔt fɔdɔm na grɔn. di uman se, "mi man, yu frɔkot dɔn fɔdɔm". i mek lɛk se i wan butu pik am. di man se, (pikin dɛn)- 'lɛf am de, na de yu mit am.'

na so de bi te ɔl di fayn klos we i lɛnt, fɔdɔm kɔmɔt na in bɔdi. ɛnitɛm sɔntin fɔdɔm, in wɛf kin tɛl am, ɛn i kin se,
(pikin dɛn)-'lɛf am de na de yu mit am.'

we ɔl in fayn klos dɔn fɔdɔm kɔmɔt pan am, na in drɔz nɔmɔ bin lɛf na in bɔdi, nain in an kɔmɔt fɔdɔm. di wɛf skyad. in at bigin bit, 'bup bup'. i ala se, "mi man, yu an dɔn fɔdɔm". di man tɔk bak se,

(pikin dɛn)-'lɛf am de na de yu mit am.'

e -e! te di ɔda an fɔdɔm; te in fut dɛn fɔdɔm wan bay wan. bay da tɛm de, di wɛf de trimbul lɛk koko lif. we di man in fes fɔdɔm, nain di gyal si se na dɛbul in mared.

(pikin dɛn)-"e!!"

wetin fɔ du naw? us Gɔd fɔ kɔl? dɛn de go dɛn de go. di gyal nɔ de tɔk natin egen. in mɔt sɛt, map! in at de kɔt. dɛn go te -e- e dɛn rich wan bi -big fayn fayn os. di dɛbul kɛr am go insay dis os. di brɔda slayd go insay. we di dɛbul si am, nain i tɛl am se, in fala in sista fɔ de kam ɛp am fɔ wok na in mared os. dɛn ɔl it. di dɛbul sɛn di bɔbɔ fɔ go slip na di ɔndasela. i kɛr in wɛf go na wan rum ɔp garɛt.

midul nɛt we ɔlman dɔn slip, di dɛbul kan dɔŋ, i put wan big awujɔ pɔt na faya. di pɔt ful pim wit pamayn. dɛn i bigin dans ɛn siŋ, (pikin dɛn)- 'vɔgɔ vaga vɔgɔ vaga, a go it am tide. vɔgɔ vaga vɔgɔ vaga, a go it am tide.' di bɔbɔ skyad wek. i lisin. i yɛri di sawnd bak. (pikin dɛn)- 'vɔgɔ vaga vɔgɔ vaga, a go it am tide.' nain i bigin ala, (wan pikin)- "wa-ay. Wa-ay." nain di dɛbul go aks am se, 'wetin du yu? i se, (wan pikin)- " mi krɔkrɔ krachi mi o, mi krɔkrɔ krachi mi o." di dɛbul aks se, "wetin fɔ du we yu krɔkrɔ de krach yu?" di bɔbɔ se, (wan pikin)- 'mi mama kin tek wata we i gɛda na bembe fɔ was mi bɔdi.' so di dɛbul go dɔŋ na di watasay fɔ go gɛt dis wata. bɔt una ɔl no se wata nɔ go sidɔm na bembe bikɔs bembe gɛt soso ol pan am. na in dɛn uman kin tek go fishin.

as di dɛbul go so, di bɔbɔ rɔn go wek in sista, i tɛl am wetin di dɛbul du, ɛn wetin i yɛri i de siŋ. dɛn gɛda dɛn tiŋs dɛn wantɛm.

dis dɛbul ya bin gɛt wan kak we na in wachman. so bifo dɛn rɔnawe, di bɔbɔ go na di dɛbul in sto, i go tek wan kitul rɛs, i gi dis kak. una no se bɔd we de it nɔ de tɔk. dɛn ol rod, di kak in bizi de it. di dɛbul in bizi de tray fɔ gɛda wata na bembe. If yu si we dɛn de rɔn

– kiti kata, kiti kata. fut wetin a it a nɔ gi yu? we dɛn dɔn go fawe, nain di kak it di rɛs dɔn. na datɛnde i kechɔp fɔ du in wachman wok. nain i bigin ala, (pikin dɛn)– 'Kokokrioko– o yu wɛf dɔn go –o. Kokorioko-o yu wɛf dɔn go-o.' we di dɛbul yɛri dat, nain i bigin rɔnata dɛn. bɔt bay datɛnde dɛn dɔn go fa –a we. so i nɔ ebul kech dɛn. dɛn rɔn dɛn nɔ tap, dɛn nɔ luk biɛn te dɛn rich dɛn vilej bak. na dat mek dɛn se, tumɔs pik ɛn chus nɔ gud.

ɛn tranga yes sɛf nɔ gud. we di yɔŋgyal in mami ɛn dadi de tɛl am se in brɔda fɔ go wit am, i nɔ gri. if di brɔda nɔ bin ayd go wit am, di dɛbul bin fɔ kil am ma.

(Pikin dɛn)–

    'To–ti–o–to, to–ti–o–to
    Mi mami bin de tɛl mi se
    Mi dadi bin de tɛl mi se
    Tranga yes nɔ gud, a nɔ yɛri
    Tranga yes nɔ gud, a nɔ yɛri
    Tranga yes nɔ gud

yɛs, stori go stori kam i lɛf pan una. bɔt bifo una pul una yon stori, mek a fɛn tu tri parebul we go mek una tink gud bɔt dis stori we a jɛs pul.

1. if a bin no, na in kin kam las.
2. ol mami sidɔm te, i de si fa pas pikin we klem tik.
3. atwans wi sing atwans wi pre.
4.   aw yu mek yu bed na so yu go ledom de

4. DI MAJIK KALBAS

IL / AW

wan de ya, tu sista bin de. dɛn tap wit dɛn mama. dɛn
dadi bin dɔn day. dɛn bin nem Ayɔ ɛn Tunde. na dis
uman ya bɔn Tunde, bɔt nɔto in bɔn Ayɔ. Ayɔ na bin
in stɛp pikin. i bin de trit am bad. Tunde na bin in
bɔlyay ɛn i pwɛl am kpatakpata. na Ayɔ bin de du ɔl di
wok na di os. Tunde nɔ de du natin. na Ayɔ de was
plet, ayɛn, swip di wanol os ɛn di yad ɛvri de. na in go
go makit i kam i kam kuk. Tunde nɔ de du natin.
wan de, Ayɔ in mama sɛn am fɔ go gɛt wata. Ayɔ insɛf
tek kalbas go na watasay fɔ go gɛt dis wata. bɔt di
wata bin rɔf da de de. as i dɔk di kalbas insay di wata
so, nain di kalbas fɔdɔm kɔmɔt na in an, di wata kɛr
am go. Ayɔ fred fɔ go om witawt di kalbas, so i jomp
insay di wata de swim fala di kalbas. i nɔ ebul rich
am. di wata de rɔn fas de kɛr di kalbas go, i de kɛr di
pikin insɛf go. na so dɛn de go dɛn de go te di wata
bigin dray. Ayɔ si se in dɔn rich wan fil. bɔt i nɔ si di
kalbas egen. i kɔmɔt insay di wata. i nɔ no usay in de.
i de waka na di sok gras de go, i de go i de go te ples
dɔn bigin dak. angri de kech am, i dɔn taya. i waka te
di angri day na in bɛlɛ. aw i de drɛg in fut dɛn de waka
wan wan de go, nain i si wan ol mami sidɔm pan wan
ston. i se, "gud ivin ma." di grani ansa, "gud ivin mi
pikin." di grani si se i taya, in klos ɔl sok, in yay dɛn
swɛl swɛl wit di kray we i bin de kray. na de di grani

aks am, "wetin du yu mi pikin?" Ayɔ tɛl am se in dɔn lɔs in mama in kalbas, so in de fred fɔ go om bikɔs in mama go bit am te i lɛf mak na in bɔdi. nain di grani tɛl am se, "kan fala mi go na mi os, a go ɛp yu." in os nɔ bin de fa. wɛn dɛn rich, i se, "bɔt yu fɔ du tri tin fɔ mi. a tɔsti. tek dis sifta go gɛt wata fɔ mi." Ayɔ tink to insɛf se, "uswan dis? aw pɔsin go gɛt wata wit sifta?" bɔt na pikin we bin gɛ trenin. so i nɔ se natin, i nɔ agyu. i go fɔ go gɛt dis wata. as i dɔk di sifta insay di drɔm so, di sifta ful wit wata. i kɛr di wata go gi di grani. di grani tɔn di wata na kɔp, i drink, gɔ-gɔ-gɔk. dɛn i se, "a angri; go luk insay da mataodo de. bit wetin yu si insay." we Ayɔ go, i si di mataodo ful wit grabul-grabul. i tink to insɛf se, "uswan dis egen? aw a go du bit grabul-grabul?" bɔt i nɔ tɔk dat lawd o. i nɔ agyu. i tek di mata pɛnsul. as i bigin bit so, di grabul-grabul tɔn to rɛs. i bit di rɛs te ɔl di kanda kɔmɔt. dɔn, as i si di mami bigin kuk so, di mami nɔ aks am sɛf, i go i go ɛp am fɔ kuk. we dɛn dɔn kuk dɔn, dɛn it. nain di mami se, "na wan mɔ tin a wan mek yu du fɔ mi." i es in lapa. Ayɔ si wan dɔti bandej we luk nasti so tay rawnd in fut. di mami se, "a wan mek yu was dis mi sofut ya fɔ mi." Ayɔ fil so bad. i tink to insɛf se, "eya, mi fɔ kan klin sofut naw?" bɔt i nɔ se natin. i tray mek i nɔ tay in fes sɛf mek di mami nɔ go si se i nɔ wan du am. i butu, i bigin lus di bandej. we i lus di bandej dɔn, i si se nɔn sofut nɔ de. di mami bin jɛs wan fɔ tɛst am fɔ si if i go gri du am.

133

so di mami se, "yu na gud gyal. yu na gud pikin. a go
ɛp yu. go biɛn yad, yu go si bɔku kalbas. sɔm big,sɔm
lili. tek wan, bɔt nɔ tek big wan o!. tek wan lili wan.
nɔ opin am te yu rich om. yu go si wetin yu go si." we
Ayɔ go na di bakyad, i si bɔku kalbas jɛs lɛk aw di
grani bin tɛl am. di big wan dɛn de ala, "tek mi, tek
mi." di lili wan dɛn de ala, "nɔ tek mi, nɔ tek mi, nɔ
tek mi." "tek mi." "nɔ tek mi, nɔ tek mi." di big kalbas
dɛn de dans de kam bifo am. if yu si we dɛn de shire,
de dans de pul stayl. if yu si we dɛn fayn; dɛn na bin
ɔlkayn difrɛn kɔla. sɔm gɛt bid ɛng pan dɛn de shek
we dɛn de dans. sɔm gɛt difrɛn kɔla rafia de flay we
dɛn de rɔn. i fiba lɛk se dɛn drɛs dɛn fɔ bi wachnɛt
lantan. dɛn ɔl de ala de koks am, "tek mi, tek mi, e bo
tek mi -i-i." di lili wan dɛn, aw kalbas tan, na dɛn dɔn
so. dɛn nɔ gɛt nɔn ɛyɛ. nɔn angins-ɛn-shekins dɛn nɔ
gɛt. dɛn de rɔn de go tray fɔ fɛn ples fɔ ayd, dɛn de
kray, "nɔ tek mi, nɔ tek mi, nɔ tek mi." bɔt na pikin we
de yɛri wɔd. so bikɔs di grani tɛl am se i nɔ fɔ tek big
wan, i rɔnata di lili wan dɛn, i kech wan kenkeni wan.
dɔn i go insay di os bak go tɛl di grani tɛnki. di mami
sho am wan shɔt yadrod fɔ tek rich in os bak. bifo
jako kɔt yay, i dɔn rich om. i nak, kɔŋ kɔŋ. as in
mama opin di do so, bifo Ayɔ wan tɔk, "pay! Pay!" i
dɔn gi am tu bakan, se wetin mek i let so. Ayɔ ol in jɔ,
po pikin, i de kray we i de tɛl in mami wetin bi. i nɔ tɛl
am ɔl di stori o. i jɛs tɛl am se wata kɛr in kalbas go,

so in bin de wirɔn fɔ fɛn dis kalbas, nain in mit wan ol uman we gi am ɔda kalbas.

in mama ala ala pan am, de tɔk se dis kalbas ya smɔl pas di wan we i lɔs; bɔt we i si se di wan we Ayɔ briŋ kam na nyu wan, i nɔ tɔk tumɔs. i go fɛn nɛf fɔ kɔt dis kalbas ya. e-e! bɔbɔ -ɔ. if yu si wetin de insay di kalbas - noto kɔmɔn gold chen, yerin, banguls, ɔlkayn trinkɛt, bi-big dayamɔn dɛn, ɛn bɔku bɔku kɔpɔ. na so dɛn opin dɛn yay lɛk owiwi. dɛn mɔt ful, dɛn nɔ ebul tɔk.

a! jɛntri dɔn mit dɛn. dɛn bigin liv gud layf. dɛn bin po, bɔt naw dɛn muf go na big os, dɛn bay motoka, aya bɔy dɛm, de it gud it, ɛn we dɛn de go biznɛs, dɛn mɔs kil babu sho mɔnki.

na so dɛn de ɛnjɔy layf te, wan de wan de di bɔku kɔpɔ dɔn. dɛn dɔn sɛl ɔl dɛn trinkɛt wan bay wan. dɛn dɔn po bak. we di po dɔn mɔna dɛn nain di mami mɛmba di kalbas we bin briŋ jɛntri kan na dɛn os. nain i kɔl Tunde. i se, "aks yu sista usay i bin go we i gɛt da kalbas, we briŋ wi jɛntri. mek i tɛl yu ɔl aw i waka. bɔt yu nɔ mɔs mek ful lek am o. Ayɔ in tu bikful. yu no se i ful lɛk bakdo, nain mek i gri fɔ tek smɔl kalbas na da grani in an, we i no se na big kalbas i lɔs. we yu go, mɔs briŋ big kalbas kam."

so Tunde insɛf go na di watasay, i ib in kalbas insay di wata, dɛn i bigin swim fala di kalbas go. senwe so,

insɛf go te di wata dray, i bigin waka na di fil; in nɔ bin
de kray o, in de waka fas fas de go, bikɔs i no wetin i
de go fɔ. na vɛks in bin de vɛks bikɔs i nɔ si di grani
kwik. bay di tɛm we i si di grani, i dɔn vɛks lɛk tik, lɛk
se na di grani ambɔg am. di grani sidɔm pan wan
ston, i butu in ed. Tunde chuk in sholda wit in finga, i
se, 'yu mami, yu mami, yu mami'. di grani nɔ ansa, i
nɔ shek. Tunde push in sholda bak wit in finga. "yu
mami". nain di grani es in ed luk am, de wɔnda se, "us
pikin dis we nɔ gɛ trenin. we nɔ gɛ wan rɛspɛkt fɔ mi
wet ia sɛf." we di mami es in ed, Tunde nɔ tɛl am adu
sɛf; i nɔ wet mek di grani tɔk. i se, "a lɔs mi kalbas. a
dɔn waka lɔŋ ɛn a taya. na yu mi sista bin mit ɛn? ɛnti
yu gɛt ɔda kalbas dɛn. misɛf want wan. di we we
Tunde tɔk to am dɔn at di mami. i jɛs pini. nain i se,
"if yu want kalbas, yu fɔ du tri tin fɔ mi. bɔt mek wi go
na os fɔs. Tunde grɔmbul se, "e, fɔ kan waka mɔ
egen?" di grani nɔ ansa, i jɛs grap bigin waka go.
Tunde de drɛg fut de waka biɛn am.

we dɛn rich na di grani in os, i tɛl Tunde se, " a tɔsti
bad. tek dis sifta go gɛt wata fɔ mi." Tunde tink se,
"e! aw a go du go gɛt wata wit sifta. us kanaba wɔd da
wan de? adinɔ in ed nɔ de?" nain i se, "mami, yu se a
fɔ gɛt wata wit sifta?" "na so a se mi pikin." "mi noto
yu pikin, bɔt, if na so yu se..." i tek di sifta; as i dɔk am
insay di drɔm so, di sifta ful wit wata. i fred lilibit. i
tɔk to insɛf se, "dis nɔto wichuman so? bɔt a nɔ go go

136

te a gɛt wetin a kam fɔ." i gi di mami di wata. di mami pin di sifta dɔŋ. i nɔ fil fɔ drink wata we dɛn gi am wit tayfes.

dɛn i tɛl Tunde se, "a angri. go luk na da mataodo de. bit wetin yu si insay." we Tunde tek di matapɛnsul go, i si di mataodo ful wit grabul-grabul. i jɛs sɔktit, i grɔmbul to insɛf se, "dis grani kres fɔ tru." as i bigin bit so, di grabul-grabul tɔn to rɛs. i tink se, "e, dis na wichuman fɔ tru. bɔt a go bia sidɔm na ya te a gɛt wetin a want." i nɔ ɛp di grani kuk sɛf. we di it dɔn kuk dɔn, i sidɔm i wak gud. na so i de it di rɛs 'hawn hawn'. we dɛn dɔn it dɔn, di grani se, "na wan las tin a wan mek yu du fɔ mi." i es in lapa. "a wan mek yu was dis mi sofut ya fɔ mi." Tunde si di dɔti bandej. i se, "Grani yusɛf. mi noto nɔs. mek a nɔ tɛl yu lay, a nɔ go ebul du dawande." nain di grani se, "ɔrayt mi pikin, i nɔ bad. de go yu we. tek tɛm ya." Tunde ansa se, "bɔt we di kalbas?" di grani nɔ ansa; i jɛs es in lapa bak, i tret in sofut bifo Tunde. nain Tunde twis in fes, i butu bigin lus di bandej. na so i de jɔg am. we i lus di bandej dɔn, i si se nɔn sofut nɔ de. nain i blo kam dɔŋ, dɛn i sɔktit bikɔs i si se di grani bin jɛs wan tɛst am. di grani se, "yu dɔn du di tri tin we a aks yu fɔ du. naw go biɛn yad, yu go si bɔku kalbas. sɔm big sɔm lili. tek wan. bɔt nɔ tek big wan o. tek lili wan. Tunde tɔk to insɛf se, "i tink se a ful. i wan krabit mi di juɛlri ɛn kɔpɔ." i go na di bakyad, i si bɔku

137

kalbas, jɛs lɛk aw di grani tɛl am. di big wan dɛn de dans kam bifo am de ala, "tek mi, tek mi." di lili wan dɛn de rɔn go ayd de ala, "nɔ tek mi, nɔ tek mi, nɔ tek mi." i luk fɔ di wan we big pas ɔl. as i de go fɔ go tek am, di kalbas insɛf de rɔn kam to am. i kapu am wit in tu an. dɛn i go insay di os bak i se, "a de go ma." i nɔ tɛl di grani tɛnki sɛf. di grani luk di kalbas na in an, in nɔ se fiŋ. Tunde grɔmbul bɔt aw di ples fa. di Grani se, "lɔŋ rod nɔ kil nɔbɔdi."

Tunde rɔn te i rich in os. as i rich om so, i bigin ala, "Mama, mama, a dɔn kam." in mami jomp go opin di do. we i si di big kalbas, i grip in pikin, dɛn ɔltu bigin dans rawnd. we Ayɔ kam fɔ luk wetin de bi, di mami jam am wit in ɛlbo. i se, "yu tu bizabɔdi. udat kɔl yu na ya." so Ayɔ kɔmɔt de saful, i go na do mek i nɔ gɛt mɔ kɔs. di mami go tek nɛf kam kɔt di kalbas. ibosio! ɔlkayn tin jomp kɔmɔt insay di kalbas – kakroch, arata, grɔnpig, kondo, ɔkpɔlɔ, bi–big snek dɛn. waswas ɛn grɔngrɔbi de flay go na dɛn fes, tumbu ɛn fatfut kɔba dɛn an ɛn fut. aw dɛn de ala, na so yɔni ɛn mutmut de go insay dɛn mɔt. di snek dɛn de rɛdi fɔ bɛt dɛn.

Ayɔ jɛs rɔn tɔn bak go to da grani. i lɛf dɛn pan dɛn wahala. ɛnti na dɛnsɛf tek dɛn yon an bay trɔbul.

stori go, stori kam, i lɛf pan.......

una rɛdi fɔ mɔ parebul?

1.   da kaw we nɔ gɛ tel, na Gɔd go drɛb in flay.
2.   gud trik bɛtɛ pas fayn pafyum.
3.   pikin we sabi was in an go it wit bigman.
4.   Gɔd pas kɔnsibul.

5. STON GƐT BIABIA

IL / AW

wan de ya, bɛtɛ ren nɔ bin dɔn de kam na wan tɔŋ fɔ bɔt tri ia. di pɛtɛtɛ lif ɛn kasada lif ɔl bin dɔn wida. koko, yams, kasada ɔl dɔn dray na grɔn. so di bif dɛn ɔl bin angri bad. di angri bin de mɔna Bra Spayda, ɛnti unasɛf no se Bra Spayda nɔ tek in bɛlɛ ple. wan de, in ɛn Got bin de go fɛn tin fɔ it, if na granat sɛf dɛn dig na grɔn. nain dɛn si wan big ston. na got fɔs si di ston, nain i ala se, 'Bra Spayda luk yanda. da ston de gɛt biabia.' as i tɔk dat so, i fiba lɛk se sɔntin drɔ am go to di ston. i fɔdɔm bap!, pan di ston; i fasin de. i bigin de fɛt fɔ kɔmɔt, i nɔ ebul. Spayda tinap fawe de wach, i de fred fɔ go nia am. Bra Got fɛt fɛt te-e. aw i de bata insɛf pan di ston, na so ɔl pat pan in bɔdi de fasin. i fiba lɛk se di ston de grip am. in at de bit fas fas, i de sɔk pen, in trɛnk de go, te i day. as i day so, i fɔdɔm kɔmɔt pan di ston.   swɛt kɔba Bra Spayda wantɛm. i chuk spid rɔn go om. if yu si in fut na grɔn. bay di tɛm we i rich om, in gɔt dɔn twis wit angri, bikɔs dɛn nɔ bin fɛn natin fɔ it. nain sɔntin jɛs tɛl am se, day Got na yayam mayn. so di nɛks de, doklin i dɔn ɔl rod go usay di ston de. i chɛr chɛr Got kɛr am go om. i dray am, i bigin pinch am. i pinch am te i it am dɔn. angri bigin kech am bak. i tink i tink. nain i go to Bra Ship. i tɛl am se, 'a no usay gud yayam de. we yu na mi padi, a kan kɔl yu mek wi ɔltu go.' i kɛr am go usay di ston de. as dɛn rich nia di ston so, nain Ship ala se, 'luk! da ston gɛt biabia.' e! na fasin i fasin pan di ston so. Bra Spayda wet te i day – dɛn i kɛr am go om go dray am ɛn it am. we i it am dɔn, i go tɛl Bra Dia di sem tin. na so i de kɛr di bif dɛn go wan bay wan. Bra Trɔki, Bra Fritambo, Bush Arata, we i it wan dɔn, i kɛr ɔda wan go.

we Bra Kɔni Rabit nɔ si sɔm in padi dɛn, i min se dɛn go ɔda kɔntri fɔ go fɛn it. dɛn i bigin wɔnda aw ɔl di bif dɛn dray bɔt Bra Spayda in yon bɔdi rɔju. so i bigin wach Bra Spayda. nain i si se, ɔltɛm we i si Bra Spayda de waka wit wan bra, i nɔ ba si da patikla animal de egen. na datɛnde i no se, i mɔs bi se Bra Spayda de pan sɔn dakadeke trik. so i bigin ayd fala biɛn Bra Spayda. i si ɔl wetin bi. Gɔd so gud, na to Kɔni Rabit Bra Spayda kam di nɛks tɛm, kan tɛl in stori bɔt se in no usay gud yayam de. Kɔni Rabit insɛf fala am go. dɛn go dɛn go te dɛn rich di bush nia usay di ston de. we dɛn si di ston, Bra Spayda telem– i de wet fɔ mek Kɔni Rabit tɔk. Kɔni Rabit nɔ se fiŋ. Bra Spayda luk Kɔni Rabit. Kɔni Rabit insɛf luk Bra Spayda insay in bɔlyay, i nɔ se fiŋ. dɛn de luk dɛnsɛf. di ples mek yeŋ. nain Bra Spayda pɔynt to di ston. i se, 'luk'. Kɔni Rabit se, 'a de luk.' Spayda se, 'yu nɔ si da ston?' Kɔni Rabit se, 'a si am.' Spayda se, 'yu nɔ si se di ston gɛt 'b'?

Kɔni Rabit se, 'di ston gɛt 'b'?

'yu nɔ si se di ston gɛt mmm–bia?'

'di ston gɛt 'bia'?
'bo, Bra Rabit, yu nɔ si se di ston gɛt bia b?'
'di ston gɛt bia-b?'

'lɔdavmasi, yu nɔ gɛt yay na yu ed?'
'a gɛt yay'

'yu nɔ de si? yu blɛn?
'a de si'

bay datɛnde, Bra Spayda in fukfuk dɔn grap, i fɔgɛt insɛf. i ala se, 'yu nɔ gɛ sɛns na yu mudumudu? yu nɔ si se da ston de gɛt biabia?' nain Bra Spayda fasin, 'BAM' pan di ston.

Bra Spayda brakɛt udat bad pas am.
na dis dɛn kin se, 'kɔniman day, kɔniman bɛr am'
stori go, stori kam, i lef pan una.

Sɔm Mɔ Parebul

1. biabia man nɔ de fityay drɔsup.
2. dɛn se mɔreman bɔn yu aks fɔ in biabia.
3. ɔltɛm fɔ tifman, wan de fɔ masta os.
4. kɔniman day, kɔniman bɛr am.

6. AW MYUZIK KAM NA WƆL

IL / AW

wan de ya, wan fishaman bin de. i tap na in os we bin de nia watasay, wit in wɛf ɛn dɛn wangren bɔy pikin. ɛvri de di fishaman kin grap bifo do klin i go na di watasay go fishin. i kin kech bɔku bɔku fish. bɔt wan de, i nɔ kech bɛtɛ fish. di nɛks de, sem tin. na so i de bi naw o. te wan de, i nɔ kech natin, arara. i fiba se fish lɔs na wata. na so i de go kam, i nɔ de kech natin; afta tu tri de, i kech smɔl fish. soso dɛn kenkeni fish na dɛn go insay in fishin nɛt. afta dat, sɔntɛn wanol wik bifo i go kech fish. sɔntɛn tu wik tide i nɔ kech natin.

wan de, we i grap na mɔnin, na so in at ebi. i de drɛg in fut de go na di watasay de pre se, "e Papa Gɔd, mek a kech fish tide – if na mina sɛf – bɔt tide Papa Gɔd, mek a nɔ kam bak ɛmti-an to mi wɛf. i go. da de de, Gɔd so gud, i kech wan bi-big kuta. we i kɛr am go om, kam si jomp ɛn dans ɛn gladi. e! tide dɛn go it te dɛn bɛlful lɛk tifman wɛf. dɛn mek banda wantɛm-wantɛm, dɛn le di fish pantap fɔ dray. as di fish de dray, briz de kɛr di swit dray fish smɛl go fa.
wɛl, wan dɛbul we bin tap na bush, smɛl dis swit dray fish smɛl ya. i bigin swɛla pit. i de drɔ in nos. i bigin waka de fala di smɛl de go. wan tin bɔt dis dɛbul ya, i

bin lɛk drɛs. he! da wan de ebul kɔt yanga. if i pas, yu mɔs tɔn luk am frɔm in ed to in fut. in but dɛn gɛt gold bɔtin pan dɛn. in gawn dɛn na bin ɔlkayn brayt brayt kɔla lɛk shayn shayn grin, we gɛt silva wɔkins na di frɔnt ɛn rawnd di sliv dɛn. ɔ pɔpul lɛk we sɔm chɔch kɔrista dɛn kin wɛr, bɔt in yon pɔpul kin gɛt bɔku gold trɛd wok fayn fayn ɔloba am. dɛn i go wɛr noto kɔmon banguls de shek na in an dɛn, ɛn bi-big yerin dɛn de kpakala kpakala na in yes. dɛn di las tin we i go wɛr bifo i se in drɛs dɔn, na in langa langa chen we de drɛg na grɔn keleŋ keleŋ we i de waka.

so dis dɛbul ya bigin waka de fala in nos te i rich usay di fish de dray na banda. i bigin it. i it di fish dɔn makolo, dɛn i waka go bak usay i kɔmɔt.

we di fishaman in wɛf kam na do, i nɔ si fish. i ala mɔdra. in man ɛn in pikin jomp rɔn kam na do. dɛn min se na sɔntin du am. we dɛnsɛf si wetin dɔn bi, dɛn bɔdi brok. di bɔbɔ in bigin kray. lilibit lɛf wata rɔn di mami insɛf yon yay. pas we dɛn it rɛs ɛn pamayn da de de.

di nɛks de we di man go fishin, na soso mina ɛn awɛfu i kech. bɔt i nɔ te tumɔs, afta tu tri de, nain i kech wan ɔda big big mayti fish. dis wan ya big fawe pas da kuta. i rɔn go na os go kɔl in bɔbɔ fɔ kam ɛp am tot di fish go om. jɛs lɛk di las tɛm, dɛn mek banda,

144

klin fish, rɔb ɔyl pan am, put am na di banda fɔ dray.
di man in dɔn maga, i go slip. di wɛf in de kuk. dɛn lɛf
di bɔbɔ fɔ sidɔm na do de wach di fish.

hm, briz bigin kɛr di dray fish smɛl go. di dɛbul smɛl
dis swit dray fish smɛl bak. i drɔ drɔ in nos. a! dis
tɛm i no wetin dat min. i bigin waka fas fas de fala in
nos. as i de waka, de swiŋ in an den, di banguls dɛn
de shek, sheke sheke shek, in langa chen de drɛg na
grɔn keleŋ keleŋ, in ebi but dɛn de mek bum bum. as
i de rich nia, i de gladi i bigin skip ɛn rɔn lilibit,
datɛnde di but dɛn de mek bum bududum.

di bɔbɔ in sidɔm de wach di fish; nain i yɛri wan sawnd
faawe- bum bum; dɛn di sawnd lawd lilibit, dɛn i yɛri
keleŋ keleŋ. i bigin shek in fut. i yɛri bum bum, sheke
sheke shek, keleŋ keleŋ. i de shek in fut, i de shek in
wes na di bɛnch we i sidɔm, te i jomp, i grap bigin
dans. (pikin dɛn)-" bum bum, shekesheke shek, keleŋ
keleŋ." di dans de swit am. te di dɛbul kam. di bɔbɔ
nɔ si am sɛf. i bizi de dans. di dɛbul it di fish dɔn ma.
dɔn i waka go wan wan (pikin dɛn)- "bum bum,
shekesheke shek, keleŋ keleŋ. bum bum, sheke sheke
shek, keleŋ keleŋ." we i dɔn rich fawe, di bɔbɔ nɔ de
yɛri di sawnd dɛn bɛtɛ, na in i kechɔp insɛf. i luk i nɔ
si fish. i nɔ no wetin bi. i jɛs bɔs kray. in mami rɔn
kam na do. "wetin du yu? na wetin?" di bɔbɔ nɔ ebul
tɔk. i jɛs put in an dɛn na in ed de ala, "woyi-i, woyi-

i." di mami tɔn luk, i nɔ si di fish. insɛf bigin ala. wɛl, una no wetin bi afta dat-yɛs-rɛs ɛn pamayn na in dɛn it.

afta dat, tin bigin bɛtɛ fɔ dɛn. di fishaman bigin kech fish bak ɛvri de, bɔt noto bi- big wan dɛn. tu tri wik pas, nain i kech wan ɔda ɛlɛba fish. dis tɛm, di mami nɔ lɛf di bɔbɔ in wan fɔ wach di fish we i de dray. insɛf go sidɔm na do. so dɛn ɔltu sidɔm de kip kɔmpin de wach dis fish. liliwayl, dɛn bigin yɛri, (pikin dɛn)- " bum bum, shekesheke shek, kelen kelen (di pikin dɛn fɔ tek tɔn de mek di sawnd dɛn) " shekesheke shek, bum bum, shekesheke shek, kelen kelen, bum bum, kelen kelen". di mami ɛn di bɔbɔ bigin yɛri dis nɔys de lawd mɔ ɛn mɔ. di bɔbɔ bigin fɔ shek in fut. di mami in ni dɛn bigin trimbul; te, i bigin shek in sholda dɛn. insɛf fut bigin nak na grɔn de kip taym to di sawnd dɛn we dɛn de yɛri. di bɔbɔ jomp bigin dans. di mami in wanol bɔdi de shek na di bɛnch, in ed de go ɔp ɛn dɔn ɛn sayd to sayd lɛk dɛn kede-kede bebi, te, i nɔ ebul bia egen, insɛf jomp bigin dans. di bɔbɔ in de flin in an ɛn in fut dɛn lɛk Sali wansay de ɛnjɔy di dans we i de dans. as di dɛbul de kam nia, na so di nɔys de lawd, " bum bum ....." na so mami ɛn pikin de dans te-e di dɛbul kam i it ɔl di fish dɔn makolo. di dɛbul waka go; as i de go na so di sawnd de lo. we dɛn nɔ ebul yɛri natin egen, nain di mami ɛn di bɔbɔ kan to. unasɛf no wetin bi. mi pikin dɛn, wetin una tink se bi?

146

..................das rayt, dɛn nɔ si nɔn fish. bɔt di mami in mɛmba se in bin de yɛri sɔm swit swit sawnd we in nɔ ebul bia egen, pas in dans. di fishaman in vɛks i vɛks i vɛks te i wan bɔs. i se, e bo, mi wɛf, yusɛf nɔ bin ebul bia? if Gɔd mek a kech ɔda big fish, ilɛk a taya te, na misɛf sɛf go sidɔm wach am. Gɔd so gud, di vɛri nɛks wik, i kech wan ɔda ɛlɛba fish. i nɔ bɔda go kɔl in bɔbɔ sɛf. in wan drɛg di fish go om. we i rich om, i nɔ go ledɔm lɛk dɛn ɔda tɛm o. i sidɔm na wan kɔna de bay fɔl te in wɛf rɛdi fɔ pin di fish na di banda. na de i grap go sidɔm na do. in wɛf ɛn in pikin go sidɔm nia am. di wɛf in de lisin fɔ da nɔys we in bin yɛri.

na di uman in fɔs bigin yɛri di sawnd dɛn, nain i se, "una lisin o, i tan lɛk se a de yɛri da nɔys bak. dɛn ɔltri lisin. dɛn yɛri, 'bum bum....'ɛn ɔl di ɔda sawnd dɛn. dɛn ɔltri grap bigin dans. di sem tin bi bak – dɛbul kam, it fish ɛn go. aw di fish de swit am, na so i de jomp; na so di sawnd dɛn de lawd.

ɔl da tɛm de, dadi, mami ɛn pikin de dans. we di dɛbul dɔn go fawe nain dɛn tap fɔ dans. dɛn sidɔm, na so dɛn de blo. dɛn nɔ mɛmba bɔt fish egen sɛf. dɛn jɛs de mɛmba aw dɛn bin de ɛnjɔy dɛnsɛf. nain di man se, 'kan wi du am bak'. bɔt aw dɛn go dans we sawnd nɔ de. dɛn tink tink aw fɔ mek dɛn swit sawnd ya. di dadi bigin bit di bɛnch, bum bum, bum bududum, dududum dududum. di bɔbɔ rɔn go kɔt babu kɔtlas i bigin shek am, shekesheke shek. di mami in go tek pɔpɔ tik, i bɔs ol pan am i bigin blo. dawande sawnd lɛk flut. dɛn dans dans bak. ɛvri de dɛn de tink aw fɔ mek difrɛn tin dɛn we go mek sawnd we go bon sodat dɛn go dans. goin on goin on, dɛn, ɛn dɛn pikin, en dɛn granpikin dɛn, ɛn dɛn granpikin pikin dɛn, dɛn mek shɛgurɛ, sheke sheke shek; dɛn chap chap smɔl smɔl tik dɛn mek balanji, dɛn mek ɔl dɛn difrɛn kayn drɔm we wi gɛt tide ɛn ɔl dɛn ɔda tin dɛn we wi de tek mek myuzik. na so myuzik tek kam na wɔl. bum bum, shekesheke shek, kelɛŋ kelɛŋ. shekesheke shek, kelɛŋ kelɛŋ.

Na so Myuzik Tek Kam Na Wɔ

Tin Dɛn We Wi De Tek Mɛk Myuzik

Balanji

Shɛgurɛ

Hutamba (talking drum)

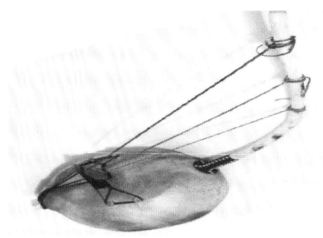

Bolon Bata

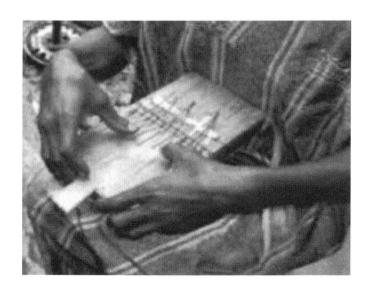

Kondi

Kele

Sangbay

7. SHEK-ED DE

IL AW

Trɔki ɛn in mɔdɛnlɔ bin gri. di mɔdɛnlɔ bin gladi we Trɔki mared in pikin, bikɔs di pikin bin dɔn de big, ɛn di mami bin dɔn bigin wɔndrin se sɔntɛm in pikin nɔ go mared. so i bin de mɛntɛmɛnte Trɔki. Trɔki in nɔ bin tek in mɔdɛnlɔ ple, bikɔs i bin sabi kuk . in an bin swit, ɛn Trɔki bin lɛk in bɛlɛ. krio se, 'tru se tɔk mi'. in mɔdɛnlɔ bin sabi kuk pas in wɛf. so ɔltɛm Trɔki kin de go fɛn in mɔdɛnlɔ, ɛn di mɔdɛnlɔ kin de ple-an fɔ am.

wan de we Trɔki drɛs go fɛn in mɔdɛnlɔ, i nak na di do, kɔŋ kɔŋ kɔŋ, i nɔ yɛri ansa. kɔŋ kɔŋ kɔŋ, - yeŋ. nain i push di domɔt , i si se i nɔ lɔk, so i opin di do go insay di os. i ala se, mama, aftanun ma. nɔbɔdi nɔ ansa. aftanun ma, di ples stil mek yeŋ. so i drɔ chia sidɔm de wet. di do nɔ bin lɔk, so i nɔ go bi se in mɔdɛnlɔ go fawe. sɔntɛn i jɛs go lɛnt sɔntin to neba. aw i de wet, nain sɔnkayn swit smɛl nak in nos. i fala in nos go na di kichin. i si pɔt na faya. hm. di sup smɛl de kɔnfyus am. i bigin swɛla pit. i opin di pɔt luk insay. na binch bin de bwɛl. na so di rɛd pamayn bin de mek, bl, bl, bl. di binch dɔn bigin tik bikɔs i bin dɔn niali kuk dɔn. Trɔki lɔk di pɔt i bigin waka go bak fɔ go sidɔm wet. di smɛl de fala am. nain i tɔn bak. i se to insɛf, 'a go jɛs tes lilibit'. so i tek wan tikspun dɔk am insay di pɔt. i tek wan spun binch, i blo blo am, i tes am. mek sup nɔ swit so. 'a

153

go jɛs tes lilibit mɔ'. i dɔk di tikspun insay di pɔt bak. i blo
blo di binch ɛn it am. e! i swit in kayn nɔ de. nain brɔda tek
besin o. i pul binch ful di besin. as i wan bigin it so, i yɛri lɛk
se do jam. in mɔdɛnlɔ dɔn kam bak! aw fɔ ayd dis besin ya
we i bin dɔn pul binch put insay? i jɛs pul in kyap, i tɔn di
binch na in ed, i wɛr in kyap bak. i rɔn go sidɔm insay pala,
i krɔs in fut lɛk se i nɔ bin muf tak. in mɔdɛnlɔ opin di do
kam insay. i gladi fɔ si in sɔnɛnlɔ. 'e, Trɔki, na yu yay dis?
yu du wɛl o, yu nɔ ba fɔgɛt fɔ kam fɛn mi. ayudu? aw yu
wɛf? ɛnti i nɔ de ambɔg yu ɛn? aw mi granpikin dɛn?' di ɔt
binch bin de bɔn Trɔki in mol, so i nɔ ebul ansa in mɔdɛnlɔ.
i jɛs de shek in ed lɛk dam-dam-pɔli. in mɔdɛnlɔ aks am
se, 'Trɔki, aw yu de shek yu ed so?' Trɔki ansa se,
'mɔdɛnlɔ, tide na shek-ed de.' aw di binch de ros in
mol, na so i de shek in ed de tɔk se, 'mɔdɛnlɔ, tide na
shek-ed de.' di mami jɛs opin mɔt de luk am de
wɔnda se, 'uswan dis? tinkya na fiks i wan gɛt so?'
'mm mɔdɛnlɔ ɔ ɔ, t t tide, nn na shek-ed de.' i grap
bigin dans ɔp ɛn dɔŋ. i de jomp pan wanfut, de shek in
ed; wata dɔn ful in yay. i de pan, 'mm mɔdɛnlɔ- ɔ, tt tt
tide na na na sh-shek-ed de, ttide na sh-shek-ed de.'

di ɔt pamayn bigin rɔn dɔŋ in fes, de rɔn dɔŋ in
kpakɔ go insay in shɔt. we di mɔdɛnlɔ si dat, nain i
kechɔp wetin de bi. i se, 'e bo Trɔki, yu nɔ ebul wet
sɛf mek a kam om? yu no se a bin fɔ mɔs pul it fɔ yu.
e bo Trɔki, a shem o. yu big big man nain de biev so?'
Trɔki wan day wit shem. i fiba lɛk se mek grɔn opin

swɛla am. i jɛs butu in ed, i se, 'wi go si ma.' i waka
fas fas go na do.

'wi go si?' Trɔki nɔ go fɛn in mɔdɛnlɔ fɔ wanol ia.
so i nɔ gɛt ɔl di swit swit yayam we i bin fɔ de ɛnjɔy if i
nɔ bin mek da bad bad bigyay de. na dat mek tumɔs
awangɔt nɔ gud.

8. WETIN MEK SPAYDA WES SMƆL

fɔs fɔstɛm, Spayda in midul nɔ bin lili o - na so in bɛlɛ bin tinap bifo am lɛk ban bikɔs i bin de it bɔku. wɛl, wetin apin? na dat a de kan tɛl una so.

na bin Grani Sera in tɛn-ia. in fambul dɛn ɔl gɛda fɔ mek bi-big awujɔ fɔ am; mek in at go kol usay i de, se dɛn nɔ fɔgɛt am, ɛn mek i go de put an pan ɔl dɛn biznɛs; lɛk aw i bin opin rod fɔ da in fɔs granpikin we mek i gɛt da skɔlaship; lɛk aw i bin tɛl dɛn na drim, us lif fɔ rɔb pan Bɔlaje, we frɔm da tɛm de nain Bɔlaje nɔ sik da kanaba sik de egen. nɔto dɛn yon vilej pipul dɛn nɔmɔ dɛn bin kɔl o, dɛn kɔl dɛn padi dɛn we de na ɔl dɛn neba neba vilej. Bra Spayda in nem bin de insay. Bra Spayda we lɛk in bɛlɛ so. ɛnitɛm we i mɛmba bɔt dis awujɔ, i kin rɔb in bɛlɛ, i lik in lip dɛn. i bigin mɛmba ɔl wetin i go it da de de; binch, fray plantin ɛn pɛtɛtɛ, ɔlɛlɛ, akara, pamayn fray sup, fufu ɛn bitas, kren-kren, e! krio se, bifo gud it wes, na bɛlɛ go bɔs.

wan wik bifo dis awujɔ, wan ɔda vilej sɛn kɔl Bra Spayda fɔ go wan ɔda awujɔ. yu kin gladi so? if yu si we i de jomp, yu go min se na sɔm fambul day lɛf prɔpati fɔ am! i go tɛl in wɛf bɔt dis ɔda awujɔ. nain in wɛf se, 'wet o, wet o. ustɛm yu se fɔ dis awujɔ? Bra Spayda tɛl am bak. nain in wɛf bɔs laf. i se, 'oya, yu de gladi fɔ natin. dis awujɔ ya, na di sem de lɛk Grani Sera in yon. so na wan nɔmɔ wi go ebul go.' Bra

Spayda pini. in bɔdi brok. yu go min se na bad bad tin mit am. una nɔ go biliv wetin bi nɛks. bifo di wik dɔn, dɛn sɛn mɛmba dɛm bɔt Granpa Oju in fɔtide, ɛn wan ɔda neba vilej, dɛnsɛf sɛn kɔl Spayda fɔ go awujɔ, ɛn dɛn ɔda tu awujɔ ya na bin di sem de lɛk di fɔs tu awujɔ. lɔdadede, wetin fɔ du naw? Spayda go sidɔm na wan kɔna, put in an na in jɔ lɛk po jo, i de wɔndrin. fɔ se i nɔ go it ɔl dɛn binch ɛn ɔlɛlɛ, ɔl dɛn pamayn fray sup ɛn kren kren? i jɛs de mɛmba aw i kin de bɔl fufu de dok am insay plasas.

wantɛm nain i jomp lɛk se sɔntin bɛt am. i ala se, 'a go go ɔl fo di awujɔ dɛm.' i de rɔb in an de gladi lɛk se i fɛn trikɔpɔ silva. udat nɔ no, go min se na bɛtɛ tin i de gladi fɔ. i tɔk bak se, 'a go go ɔl fo.' in wɛf se, 'aw yu go ple da majik de?' Bra Spayda se, 'jɛs wet nɔmɔ, yu go si.'

di de fɔ di awujɔ dɛn, i tɛl in wɛf se, 'yu ɛn di pikin dɛn, una ɔl go go na di difrɛn awujɔ dɛn. i ol tu langa langa rop na in an. i se, 'una kan wi go.' we dɛn rich forod, i tay di midul pat pan di rop dɛn rawnd ɛn rawnd in wes. we i dɔn genjin in wes wit di rop dɛn, i gi in wɛf wan pat usay yu de bigin ol di rop. i gi wan pikin di ɔda pat we di rop ɛnd. na so i gi di ɔda pikin dɛn di say we di ɔda rop bigin, en di ɛnd ɔf di rop. i tɛl dɛn se, 'mi de sidɔm wet yaso. we dɛn bigin pul it usay yu de, jɔg di rop. a go rɔn go de go it.' adɔnkɛ mi bɛlɛ bɔs. wans a it ɔltin we de.' spayda in wɛf bɔs laf. i se, 'so na di majik dat we yu wan ple. bɔt yu gɛ

157

sɛns o. we yu tɔk se yu go go ɔl di awujɔ dɛn, a bin
min se yu ed nɔ de, ɔ na dɔkunu a mared. a de aks
misɛf se, 'aw i go sheb insɛf fo? na naw a si se yu gɛ
bɔku sɛns na da yu mudumudu de. bɔt mi man, mi
yon yon man, mek a nɔ tɛl yu lay, i go fayn mek wi ɔl
go to Grani Sera in pipul dɛn. mek wi ɔl sidɔm it ɛn laf
ɛn rɔbskin na wan ples.' bɔt Spayda tu big yay. i wan
it ɔlsay, so i nɔ gri. so, ɔlman ol rod go usay Spayda
tɛl dɛn fɔ go. Bra Spayda in sidɔm na wan ston de wet.
briz de blo am. i ledɔm, i slip faŋ faŋ. as di san tinap
na skay so, nain i fil di rop drɔ in wes. i jomp lɛk
fritambo. as i bigin rɔn so, di ɔda say pan di rop drɔ
am go bak usay i bin de. una no wetin bi? Gɔd kɔmɔt
biɛn am. di fo difrɛn awujɔ dɛn put pɔt dɔŋ togɛda, lɛk
se dɛn bin mek bagin fɔ du dat. ɔl di fo pat pan di
rop de drɔ, de drɔ, Spayda in de midul, i nɔ ebul muf.
as i put wan fut ya, ɔda ɛnd pan wan rop drɔ am go
yanda; as i staga go yanda, ɔda rop drɔ am kam bak
usay i bin de. as di rop dɛn de drɔ, na so dɛn de tayt
na in wes. di rop dɛn drɔ in wes tayt te i fent. inch lɛf
in bɔdi kɔt tu. in wɛf ɛn in pikin dɛn de wɔnda wetindu
spayda nɔ kam. we dɛn taya fɔ drɔ, dɛn si lɛk se it
wan dɔn, dɛn lɛf rop go it. dɛn ɔl tink se, 'i go bi se
Spayda chenj in maynd, i lus di rop kɔmɔt na in wes i
tay am na ston, i go it na ɔda awujɔ.' so ɔlman ɛnjɔy
insɛf.

ivintɛm we dɛn de go om bak, nain dɛn si Spayda
ledɔm na forod, i de blo wan wan. dɛn lus di rop dɛn

kɔmɔt pan am, fan am, ib kol wata pan am te i opin in yay, dɔn dɛn tot am go om.

from da de de we da rop kwis spayda in wes, nain in wes lili te tide.

tumɔs awangɔt nɔ gud mayn. a wɔnda if Spayda chenj afta dat. we una tink?

9. AW KƆNI RABIT GƐT IN NEM

lɔntɛm, Rabit bin jɛs nem Rabit. i bin lɛk karɔt bad, ɔldɔ i bin de it kasada lif, lɛtyus, kabej-grin ɛn bɔku ɔda tin dɛn. bɔt karɔt na bin in day. wan de, i si wan gadin ful wit karɔt. in mɔt bigin wata wantɛm. i bigin swɛla pit. i wan go tif pan dis karɔt, bɔt na bin san-santɛm. so i nɔ go insay di gadin. i go om saful go sidɔm wet. midul nɛt, i grap go na trit bak. i go na dis gadin go jomp oba di fɛnch. i bigin pik di karɔt, i jɔg jɔg di lif dɛn kɔmɔt dɔn i bigin it. i it, i it, i it te i bɛlful. we i nɔ ebul shɔb mɔ karɔt dɔŋ in trot, i tot sɔm na in ed kɛr go om. i go om go slip faŋ faŋ. i drim se in de it karɔt te do klin. we dɛn kak bigin mek, 'kokorioko', nain i skyad wek. i mɛmba in karɔt. i cham te in jabɔn taya. afta tu tri de, ɔl di karɔt dɔn. i wet te ples dak, dɛn i go na di gadin go tif mɔ karɔt. di wan we plant in gadin si se di karɔt nɔ bɔku lɛk aw i bin de. i bigin de wach. i go bi se dɛn de tif in karɔt. wetin fɔ du? i tink, i tink. nain i mekɔp se in go mek trap fɔ kech dis tifman ya. i go na wan watasay we di dɔti na kle. i gɛda kle, i tek am mek sɔntin we fiba pɔsin. i go i go dig ol midul in gadin. i put dis kle bebi ya in fut dɛn insay di ol mek i go tinap. dɛn i rɔb ta ɔl oba am. i dɔn mek ta bebi. i lɛf am go.

da de de, ples nɔ dak gud yet sɛf, Rabit dɔn jomp go na di gadin. i dɔn tif karɔt ɔmɔs tɛm, natin nɔ kɔmɔt biɛn dat, so i nɔ bin de fred igen sɛf; i tink se di wan we gɛt di gadin nɔ tek notis se in karɔt dɛn de shɔtin. we i jomp oba di fɛnch da nɛt de, i si wan pikin tinap midul di gadin na di munshayn. Rabit nɔ ful o! i gɛt sɛns bad. i bign waka kialɛs wan lɛk se in na sɔn jangreman de tek shɔt kɔt fɔ go sɔnwe da awa de. we i rich ta bebi, i se, 'gud ivin o.' ta bebi nɔ ansa. i tɛl adu bak. di pikin nɔ ansa. nain i se, 'aw a de tɛl yu adu yu nɔ de ansa. dat na fityay. a go pata yu o. ta bebe stil nɔ ansa. nain i slap am, 'pay!' e! in an fasin. i se, 'lɛgo mi. lɛgo mi nɔ. if yu nɔ lɛgo mi a go bɔks yu o. so i bɔks am. in ɔda an fasin. nain i wayl. i bigin kik. as i kik so, di wan fut fasin. i kik wit di ɔda fut. insɛf fasin. Rabit se, 'o-o. yu tink se na gem wi de ple ɛn. we a bɔt yu, yu go sabi.' i bɔt am. in ed fasin. i nɔ ebul muf. in wanol bɔdi dɔn fasin pan ta bebi. na so i de fɛt fɔ pul insɛf kɔmɔt. aw i de fɛt, na so i de fasin mɔ. na de i de, de strɔgul te, wantɛm i yɛri lɛk fut de waka kam . swɛt kɔba am. bɔt Gɔd ɛp am. nɔto di pɔsin we gɛt di gadin bin de kan kech am. na Spayda bin de pas. i beg Spayda fɔ kan ɛp am. bɔt Spayda gɛt sɛns. i gɛs wetin bi, so i jɛs laf, i pas go in we. Dɔg pas, i nɔ ɛp am. Ship pas, i tɔk na in at se, 'i switi.' dɛn nɔn nɔ ɛp am. dat na bikɔs Rabit bin dakadeke, in kayn nɔ de. i bin dɔn yus fɔ ple dɛn rikishi gem pan in padi dɛn. so dɛn ɔl lɛf an de, dɛn pas go dɛn we.

do dɔn de klin. wetin i fɔ du naw? us Gɔd fɔ kɔl? i dɔn fɛt fɔ fri insɛf te i maga. aw i de twis ɛn tɔn na so i de fasin mɔ ɛn mɔ. nain i si Got de kam. i kɔl am, 'padi, mɔnin o. ayudu?' 'a tɛl Gɔd tɛnki. aw yusef o.' 'mi, a tɛl di masta tɛnki. a de na ya dis Gɔd mɔnin de wet fɔ mi ɔda padi we na in gɛt dis gadin ya. i se dis in pikin ya tu wayo-wayo, so a nɔ fɔ lɛf am, ɔnɔso i go jɛb. na wi ɔltu de wach dis fil fɔ am. na dat mek a ol am tayt so. i se if wi wach ol nɛt fɔ am, mek in gɛ chans fɔ blo, as do klin so, i de fes gud yayam fɔ wi. bɔt a gladi we yu de pas o. if yu gri fɔ tek mi ples fɔ wach, mi go go ɛp mi padi, sodat wi go dɔn kwik. bifo jɛk wi go dɔn tɔn bak wit di yayam. we mi padi si se yusɛf ɛp fɔ wach, na wi ɔl go wak. bɔt yu fɔ ol dis pikin tayt o, mek i nɔ lɔs na wi an.' we Got yɛri bɔt yayam, insɛf gri. i ɛp fɔ pul Rabit kɔmɔt pan di ta. i nɔ bin izi, bɔt i jɔg jɔg te Rabit fri. dɛn Rabit tek tɛm fasin Got pan ta bebi lɛk aw insɛf bin fasin. i fasin in an dɛn wan bay wan, in fut dɛn, ɛn in ed, dɛn i se, 'ol am tayt o, nɔ mek i rɔnawe. wi go si jisnɔ.' dɛn i chuk spid. as i de rɔn de go, i de tɔk to insɛf se, 'if a nɔ bin kɔni, na so dɛn bin fɔ ros mi kanda.'

we di wan we gɛt in gadin kam na mɔnin, i si Got fasin pan ta bebi. i ala se, 'e! so na yu bin de tif mi karɔt!' Got ansa se, 'astafulay! mi nɔ go du tin lɛkɛ dat. a po, bot a gɛt mi rɛspɛkt. rɛspɛkt pas bɛlful. sɛf yu no se na gras ɛn lif mi lɛk.' Got tɛl am ɔl wetin apin. i sɔri fɔ Got ɛn tek tɛm jɔg jɔg in an ɛn in fut dɛn, ɛn tɔn tɔn in ed te i pul am kɔmɔt pan ta bebi. i tɔk se, 'Rabit kɔni o. na kɔni Rabit fɔ tru. a dɔn bɛn fɔ am . di de we a go kech am, mi ɛn in mɔs dɔk fut insay wan trɔsis.' na frɔm datɛnde ɔlman bigin kɔl Rabit, Kɔni Rabit. ɛn i stil de ple in kɔni. ɔda animal dɛn kin tray, bɔt nɔbɔdi nɔ bit Rabit pan kɔni te nɔ.

10.WETIN MEK DƆG TAP WIT MƆTALMAN

IL AW

fɔs fɔs tɛm, Bra Dɔg bin tap na bush wit ɔl di ɔda bif dɛn. i nɔ bin tap insay tɔŋ wit mɔtalman. wetin apin we Dɔg kɔmɔt na bush kan tap na tɔŋ? wɛl a de kan tɛl una aw dat bi. ɔl di bif ɛn bɔd dɛn bin de na bush de rɔbskin, bɔt ɔlman bin gɛt inyon gɛŋ. lɛk aw dɛn kin se, 'mɔnki bay pati, pijin bay pia.' Dɔg inyon padi na bin Wulf. yu nɔ si we dɛn fiba te tide? yu kin si se na di sem fambul dɛn kɔmɔt. ɛnisay yu si wan, di ɔda wan nɔ de fawe. ɔp ɛn dɔŋ ɔlsay, na dɛn tu. ɛn dɛn bin lɛk layf. wɛl, wan de we Dɔg go fɛn Wulf, i si i sidɔm kwayɛt wan so wit in an na in jɔ. ivin we i si Dɔg i nɔ jomp ɛn gladi lɛk aw i blant du. Dɔg aks am, 'wetin du yu we yu bɔdi luk brok so? aw yu sidɔm so lɛk po jo, yu nɔ gladi fɔ si mi sɛf. wetin apin?' Wulf pini. dɛn i tɔk se, ' bo lɛf mi. natin nɔ du mi. if a taya na plaba? na ɔltɛm fɔ gladi? ɛvride nɔto krismɛs.' Bra Dɔg aks am se, 'wetin yu bin de du we yu taya so?' Bra Wulf ansa se, 'bo lɛgo mi. na yu biznɛs if a taya?' dis nɔto in padi de tɔk to am so. so Dɔg insɛf vɛks, i nɔ tɔk igen. insɛf liŋ in ed i fɔm slip. di ples mek yeŋ. nɔbɔdi nɔ de tɔk to in kɔmpin. dɛn waswas de pas ziŋ!, rawnd dɛn ed. zi-iŋ, zi-iŋ. di kwayɛt mɔna Bra Wulf. nain i se, 'mi padi, a beg padin ya. nɔ vɛks pan mi. na wetin a yɛri de mɔna mi so. 'na wetin yu yɛri?'

164

'a yɛri se Bra Kaw de kuk fɔ in mami in tɛn ia.' Bra Dɔg grap wantɛm, i bigin shek in tel. i se, 'ustɛm, ustɛm? dat na gud nyuz o. wi go did ɛnjɔy. wi go it te wi bɛlɛ bɔs. wetin de mɔna yu pan dat? adinɔ na yu dɛn kɔl fɔ go tɔn fufu. na di taya yu taya so yu nɔ du di wok yet.' i laf kya kya kya. 'if na so sɛf, a go ɛp yu. na yay de luk wok big. adɔnkɛ wetin de mɔna yu, we yu mɛmba dis awujɔ, yu fɔ fɔgɛt bɔt dat fɔs. we yu dɔn ɛnjɔy dɔn, dɛn yu tot yu lod bak. na so fɔ liv layf. mɛmba se na wan layf Gɔd gi yu o, nɔto tu. nain wulf se, 'yu nɔ wet fɔ yɛri di wɔd dɔn yu de laf. laf nɔ. nɔ tap o, jɛs de laf nɔmɔ. laf we a tɛl yu se yu nɔ gɛt fɔ go di awujɔ. ɛn misɛf nɔ gɛt fɔ go. dɛn nɔ kɔl wi de. na dat de mɔna mi so.

'aw dɛn nɔ go du kɔl wi. Kaw na mi gud gud padi. aw i go gɛ biznɛs a nɔ go?' Bra Wulf ansa se, 'lisin o. listin gud. opin yu yes mek yu yɛri wetin a de se. na dɛn bif we gɛt ɔn nɔmɔ, dɛn kɔl fɔ go dis awujɔ.' Bra Dɔg ɛng mɔt. 'w wetin yu se?' 'na dat mek a bin de tɛl yu se mek yu opin yu yes ɛn lisin gud. na dɛn bif we gɛt ɔn nɔmɔ, na dɛn Bra Kaw kɔl.' e! Bra Dɔg insɛf sidɔm put an na jɔ. wantɛm nain Bra Wulf we bin de mek lɛk se i wan day, jomp bigin shek in tel. i se, 'a dɔn mɛmba sɔntin. wi go mek ɔn we wi go fasin na wi ed.' Bra Dɔg ansa se, 'uskanaba mɔnɔmɔnɔ yu de tɔk so? aw wi go ebul mek ɔn?' 'wi go tek waks mek ɔn. wi go tek tɛm mek fayn ɔn, wi fasin dɛn na wi ed. nɔbɔdi nɔ go no se wi nɔ gɛt ɔn.' Bra Dɔg pul an na jɔ;

insɛf jomp i bigin rɔn ɔp ɛn dɔŋ de shek in tel. i se, 'yɛs o, yɛs o. na wɔd yu tɔk so. lɛ wi mek waks ɔn.'

bifo jako kot yay, dɛn dɔn go fɛn waks, dɛn bigin mek ɔn. na so dɛn de laf ɛn jok we dɛn de wok fɔ mek dɛn ɔn ya. tu tri awa, dɛn dɔn mek tu ɔn. di ɔn dɛn so fayn, dɛn fiba lɛk se sɔm animal jɛs pul in ɔn kɔmɔt na in ed le am na grɔn. di tu padi dɛn gladi; dɛn yay nɔ wan biliv se na dɛnsɛf sɛf du gud wok so, lɛkɛ se na jab we dɛn lan.

nain Bra Dɔg se, 'bɔt i go gud if wi tɛst dɛn ɔn ya fɔs, bifo wi mek di ɔda tu. Bra Wulf gri. i se, 'na tru yu tɔk. mek wi fasin dɛn tu ɔn ya na yu ed, dɛn yu go go wirɔn ɔp ɛn dɔŋ mek wi si if dɛn go fɔdɔm, ɔ if ɛnibɔdi go si se nɔto tru tru ɔn yu gɛt.

Bra Dɔg tot rod go. i go tret to usay i no se Bra Kaw go de. i de de de rɔbskin wit di ɔda animal dɛn we gɛt ɔn. nɔbɔdi nɔ notis ɛnitin.

Bra Wulf in sidɔm de wet fɔ Bra Dɔg fɔ kam bak kan tɛl am aw i pas. i wet i wet. wan de, tu de, i nɔ si Bra Dɔg. fɔ, fayv siks de, natin. te wan wik pas i nɔ si Bra Dɔg. i bigin wɔndrin; i nɔ no wetin apin to Bra Dɔg. adinɔ sɔntin du am? adinɔ i sik. adinɔ dɛn fɛnɔt se na lay lay ɔn i gɛt, dɛn kech am gi am gud bit. i sidɔm de wɔndrin.

Bra Dɔg in de rakpala wit di bif dɛn we gɛt ɔn, i de lisin to ɔl wetin dɛn de mekɔp fɔ du. we i tink se in dɔn no ɔl aw dɛn wan du, i jɛs de rɛdi fɔ go bak to Bra Wulf, nain i yɛri dɛn se dɛn de tek bot go na wan

ayland fɔ mek dis awujɔ, ɛn dɛn de lɛf di nɛks de. lɔd
o! if i go bak to Bra Wulf, dɛn go go lɛf am. wetin fɔ
du naw? ɛn if i beg dɛn fɔ wet fɔ am fɔ go bring in
padi kam, dɛn go wan fɔ no wetindu di padi nɔ bin
kam wit am. ɛn sɛf if i go bak to Bra Wulf, dɛn go gɛt
fɔ tek tɛm mek ɔda ɔn, ɛn di bot go lɛf dɛn go.

Bra Wulf in sidɔm de wet. i de luk fa-a, i de
wɔndrin fɔ in padi. nain wantɛn i es yay ɔp, i si wan
bot na wata. di bot ful pim wit soso animal dɛn. i rɔn
go dɔŋ na di bich fɔ fɛnɔt wetin de bi. wetin in yay go
si? i si Bra Kaw ɛn ɔl di ɔda animal dɛn we gɛt ɔn na
dɛn ed. Bra Dɔg sidɔm midul dɛn insay di bot. Bra
Wulf in yay tɔn; i sidɔm bup na grɔn i niali fent. nain i
gɛda insɛf i bigin ala, 'na waks Dɔg tek mek ɔn o, na
waks Dɔg tek mek ɔn. na waks Dɔg tek mek ɔn o, na
waks Dɔg tek mek ɔn. una luk am gud.' wan bay wan
di animal dɛn bigin tɔn ed de luk. di wata bin rɔf
lilibit, so dɛn nɔ bin de yɛri gud. bɔt Wulf nɔ tap fɔ
ala. i se to insɛf, ilɛk a ala te a gɛt gɛgɛ. dis tin we
Dɔg du mi, a nɔ go lɛf am so. mi we tɛl am bɔt di
awujɔ; mi we tɛl am se lɛ wi mek ɔn wit waks; mi we
wok wit am fɔ mek di ɔn dɛn. fɔ se in de go ɛnjɔy mi
sidɔm na ya? mek Gɔd nɔ gri.

nain i bigin ala bak, 'na waks Dɔg tek mek ɔn o, na
waks Dɔg tek mek ɔn. una luk am gud. na waks Dɔg
tek mek ɔn o, na waks dɔg tek mek ɔn.' Dia we in yes
shap, kak di yes dɛn lɛk se i yɛri gɔn, i yɛri wetin Dɔg

de ala. i bigin tɛl di ɔda bif dɛn wetin i yɛri. Dɔg go sidɔm na wan kɔna, i de trimbul lɛk koko lif. i nɔ tu te, Dia ala se, 'ɔn inspɛkshɔn.' i tek wan shɔt tik. na so di tik tik. i bigin waka ɔp ɛn dɔŋ di bot de nak ɔlman ɔn. ɛniwan i mit, i tek di tik wap in ɔn tri tɛm. dɛn i go to di nɛks wan. we i rich Bra Dɔg, i mit i de trimbul lɛk se i gɛ egyu. i bɛn in ed dɔŋ, kɔba in fes. Bra Dia se, 'a beg padin o, a wan ambɔg yu lilibit. a de yɛri sɔn kanaba grɔmbul bɔt ɔn nɔ ɔn. so a wan fɔ mek ɔlman satisfay se wi ɔl na ya gɛt ɔn. nain i wap Bra Dɔg in ɔn. bay datɛnde, di san dɔn wam, so di ɔn dɛn bin dɔn bigin saf. as i wap dɛn so, di ɔn dɛn krak. we i wap di sɛkɛn tɛm, di ɔn dɛn bɛn. we i wap di las tɛm, ɔltu di ɔn dɛn fɔdɔm kɔmɔt na dɔg in ed. di wanol bot tɔnoba. sɔm se fɔ kil am. dɛn bigin bit am. nain i jomp kɔmɔt na di bot go insay wata bigin swim fɔ rich di sho. as i rich di sho so we i kɔmɔt insay di wata, u yu min i si de wet fɔ am? Bra Wulf. kitikata, kitikata, yu kin rɔn so? i de rɔn, Wulf de rɔnata am. i rɔn i rɔn i rɔn. Wulf de biɛn am tigi tigi. i nɔ tap fɔ rɔn te i rich wan tɔŋ. i rɔn go insay wan os. na datɛnde Wulf tɔn bak go na bush.

from da de de, Dɔg nɔ gɛ maynd sho in nos na bush igen, bikɔs Wulf ɛn ɔl di ɔda animal dɛn dɔn tay dɛn ɔja de wet fɔ am. na so Dɔg tek lɛf bush i kan tap na tɔŋ wit mɔtalman.

11. TE MU TE SUMANGE

IL / AW

wan de ya, wan man bin gɛt bi-big fam we i de plant ɔl kayn difrɛn difrɛn tin fɔ it. in wɛf bin nem Ɔmɔjowo. i kin de ɛp am na di fam bɔt di wok bin bɔku, so Papa Bɔy go mared wan yɔŋ gyal sodat insɛf go de ɛp na di fam. Ɔmɔjowo nɔ bin gɛt pikin pan ɔl we dɛn bin dɔn mared bɔt tɛn ia. ɛn Ɔmɔ bin les, nain mek i nɔ bin ebul du di fam wok bɛtɛ; bɔt in man bin de bia am so.

we Papa Bɔy mared Rɛmi bring am na os, Ɔmɔ bigin jɛlɔs. Rɛmi in bin gɛt ajo. i bin lɛk fɔ kuk, ɛn in an bin swit. we i dɔn kuk di wan big pɔt pɛtɛtɛ lif dɔn, i nɔ go kɔmɔt na kichin o, i go fray akara ɔ se in de gren granat fɔ mek kɔngu. we na Rɛmi in tɔn fɔ kuk, di yayam kin go bɔn ɛn i nɔ bin de taya fɔ wok na di fam ɛn insay os. Papa Bɔy notis se di os sɛf luk klin pas aw i bin tan. Rɛmi kin tek pamayn, kyandul ɛn soda, i mek sop. i sok ɔl di man in klɔs dɛn. we i was dɛn dɔn, ɔl di wan dɛn we bin dɔn bɔku sɛf, dɛn ɔl kin klin bak. i tek mangrobak krɔb ɔl di flobod. i nɔ de taya fɔ was windablayn ɛn du ɔltin fɔ mek di os chɛnchɛnchɛn. we i dɔn ɔl dat, i kin go sidɔm na in mashin de so print, bikɔs na da wok de i bin lan we i lɛf skul. ɔlman kin kɔle pan di fayn fayn wɔkins we i kin mek na chɛst. Rɛmi jɛs nɔ de taya fɔ wok.

so Ɔmɔjowo in bigin vɛks bikɔs i tink se sɔntɛm di man go kan lɛk Rɛmi pas in we na di fɔs wɛf. di las tin we bi we mek Ɔmɔjowo et Rɛmi, na we Rɛmi gɛt bɛlɛ.

169

dis wan ya mɔna am. i mɔna o, i mɔna. i bɔn-at. i at
am go insay in bon. bɔt i nɔ mek lɛk se i fil am o. i
fɔm lɛk se i gladi. i bigin mek ipokrit ajo to Rɛmi. we
di tɛm dɔn rich fɔ mek Rɛmi put to bɛd, i tɛl am se in
go grani am, bikɔs in sabi da wok de. i se Rɛmi nɔ fɔ
go nɔwe, i nɔ fɔ kɔl nɔbɔdi, in go du ɔltin fɔ am. so
Rɛmi, po gyal, in at kan dɔŋ; i nɔ fred igen, bikɔs i biliv
se dis in met go luk afta am.

we di tɛm rich, as Rɛmi bigin twis twis ɛn pini so,
Ɔmɔ tɛl am se i nɔ fɔ bɔn insay os. i se in dɔn notis se
sɔm dɛn pikin we kin bɔn na os kin wɛnkɛwɛnkɛ, bɔt
dɛn wan we bɔn usay briz de blo, dɛn ɔl kin tranga lɛk
babu bon. ɛn di kombra sɛf kin tranga kwik. sɛf we
briz de blo am we i de bɔn, dat kin mek in milk kam
bɔku. ɔl na lay o. bɔt po pikin nɔ no natin so i biliv
am. i ɛp Rɛmi fɔ staga staga te dɛn rich wan pɔpɔ tik.
i nɔ te sɛf nain Rɛmi bɔn wan fayn tranga bɔbɔ. we
Rɛmi yɛri di bebi ala, i blo kan dɔŋ. i tɛl Sisi Ɔmɔ
tɛnki. Ɔmɔjowo rap di bebi wit di lapa we i bin dɔn
briŋ kam fɔ dat; i prɛd ɔda lapa na grɔn, i le am pantap
di lapa dɛn i ol Rɛmi ɛp am fɔ grap. i se, dis bɔbɔ ya
tranga. a dɔn rap am fayn. a go kɛr yu go na os fɔs,
dɛn a go kam bak kan tek am. i go ɔrayt, nɔ wɔri. a
de go mek pap fɔ yu. we yu drink dat dɔn, a go kuk
sɔm ɔt pɛpɛ sup fɔ wam yu bɛlɛ. yu no se frɔm we yu
bɛlɛ bigin at dis doklin, yu nɔ ebul it natin.

we dɛn rich om, Ɔmɔ kɛr Rɛmi go mek i ledɔm na
bed. dɛn una no wetin i du? i go tek wan pɔpi kɛr am

go to Papa Bɔy go sho am se, 'luk wetin yu wɛf bɔn o!'
di man in bɔdi brok. yu kin si man kray? dat nɔ gud
fɔ si. Ɔmɔ stil de mek lɛk se i lɛk Rɛmi. i tɛl in man
se, 'bɔt a nɔ go tɛl Rɛmi wetin apin o, a go tɛl am se di
pikin bɔn day wan.' i go mek di pap fɔ Rɛmi kɛr am go
gi am. dɛn i lɛf am go bak na di fil. di nɛks tin, Rɛmi
yɛri pɔsin de ala, de ala, de ala. Ɔmɔ go insay Rɛmi in
rum i put in an na in ed de ala. if yu yɛri we i de ala.
Rɛmi in jomp kɔmɔt na bed, go grip Ɔmɔ de aks am
wetin apin. nain Ɔmɔ ala se, 'na da bebi o, Gɔd enjɛl,
gɔvmɛnt pikin. Iɔdamasi, Papa Gɔd, uskanaba ebi lod
yu gi wi so. wi nɔ ebul tot da lod de o-o o, wi no ebul.
bay datɛnde, Rɛmi insɛf dɔn bigin ala. i grip Ɔmɔ de
shek am. i de shek am de ala lɛk se i dɔn kres, 'wetin
du mi bebi? wetin du am? we am, usay i de?' nain
Ɔmɔ ala se, 'a mit am day wan o, a mit i dɔn day.
Rɛmi ala, dɛn i fent.

we i kan to, i bigin kray bak. i se i wan fɔ si in
bebi. Ɔmɔ tɛl am se in dɔn kɛr am go gi di man we de
ɛp na di fam, ɛn i dɔn dig ol bɛr am. Rɛmi ala, dɛn i
fent bak. i nɔ it fɔ tu dez, i jɛs de kray. i jɛs de
mɛmba in bebi i de kray. ɛnitɛm i mɛmba am, i kray.
Ɔmɔ kin de shumɔ pan am biɛn in bak, dɛn sɔntɛnde, i
kin rɔb yabas na in yay, i go sidɔm to Rɛmi de fɔm
kray. afta bɔt tu wik, Rɛmi bigin wok tranga tranga
wan fɔ mek i nɔ de mɛmba dis in bebi ya ol de ol nɛt.
yu kin klin ɛn krɔb so? lili wayl, i bigin it bak. i nɔ

fɔgɛt o, bɔt i blo fɔ kray, i bigin du ɔl dɛn tin we i bin dɔn yus fɔ du.

wan uman we bin tap na Granat Fam, kin de pas wit granat. dray sizin, i kin sɛl pach granat; ren sizin, i kin sɛl bwɛl granat; sɔntɛnde, i kin sɛl di rɔ wan. we i nɔ gɛt granat, i kin sɛl kramanti ɔ akparoro ɔ ɛni ɔda tin we i gɛt. wan de aw i de pas wit in makit, nain i yɛri wan nɔys lɛk yɔŋ bebi de kray, bɔt i no se dat kyant bi. i wan fɛnɔt wetin de mek da nɔys de, so i fala di nɔys te i rich wan pɔpɔ tik. wetin i go si? yɔŋ yɔŋ bebi rap na lapa ledɔm ɔnda di tik de kray. i pin in makit dɔŋ, i pik dis bebi. as i ol am so, di bebi sɛt mɔt. kes kɔt! i nɔ ebul es in fut fɔ se i de go tray fɔ fɛnɔt udat lɛf pikin ɔnda pɔpɔ tik, i jɛs ol di bebi tayt, wata ful in yay. dis uman ya, Mami Kamakama, bin dɔn de kɛri ej smɔl, ɛn i nɔ bin gɛt pikin. nɔto se i nɔ bin de gɛ bɛlɛ o, bɔt ɛnitɛm we i tek in, afta tu tri mɔnt, di bɛlɛ kin wes. i luk wetin de na in an bak. i at fɔ biliv wetin in yay si. dis bebi ya jis jis bɔn. i nɔ fiba lɛk se dɛn dɔn was in fes sɛf.

i le di bebi na grɔn bak, i balans in granat pan na in ed, dɔn i pik de bebi tot am kɛr am go om. i kray 'wɛ wɛ wɛ' we i de tɛl Papa Gɔd tɛnki. in bɛlɛ nɔ ebul kip pikin, bɔt Papa Gɔd si insay in at se in at klin, na dat mek i sɛn dis bebi fɔ am, we ɔda pɔsin dɔn trowe. sɔntɛm na wan titi we de go skul dɔn bɔn am dɛn i kan trowe am mek in pipul ɛn in ticha dɛn nɔ no. fɔ se nɔn anti ɔ grani nɔ de we i bin kin tɛl dis wɔd bifo i go

172

trowe wanol mɔtalman? wɛl, na in lɔsis. ɛnti Mama Kamakama in yon kɔnshɛns klia se nɔto tif i tif pikin, na Gɔd gi am.

na so Mama Kamakama tek gɛt pikin o. i mɛn dis bebi. i gi am nem Olubumi, we min, 'na Gɔd gi mi'. na so in bɔdi rawnd; in fut dɛn fat fat. ɔltɛm i de laf ɛn mek nɔys. i de it gud, i slip gud. bifo jako kɔt yay i dɔn bigin krip. pikin nɔto yes mayn. Mama Kamakama in layf layt lɛk fɛdapila, in at kol lɛk Basma frij.

we di bɔbɔ ol bɔt dɛn tri ia so, Mami kamakama de pas di sem pɔpɔ tik, ɔ sɔntɛm nɔto bin de sem wan, nain i si wan ɔda bebi na grɔn, insɛf rap na lapa lɛk aw dɛn bin rap Olubumi. e! i rɔn go pik di bebi, i ol am na in chɛst wit wan an, i ol Olubumi wit in ɔda an, i nɔ westɛm, i nɔ luk biɛn sɛf, na so i de es in fut dɛn de waka fas fas de fɛn os rod. dis wan ya na bebi gyal. i gi am nem Ɔmɔyɛmi, we min, 'pikin fit mi'.

wetin bin de bi ɔl dis tɛm na Rɛmi in os? afta bɔt tu ia, Rɛmi gɛt ɔda bɛlɛ. ɛn di sem tin apin bak. di we we Ɔmɔjowo kin de laf ɛn tɔk to am mek i stil nɔ no se Ɔmɔ et am. so i gri mek i grani am bak. ɛn na tru se Ɔmɔ bin riali gladi we Rɛmi de du ɔl di wok na di os, so in kin fol an fol fut nɔ de du natin pas fɔ drɛs go kip kɔmpin to neba. ɔl dis, Rɛmi nɔ no wetin Ɔmɔ tɛl Papa Bɔy bɔt am. so we i kin de kray, in man de koks am, i kin tink se na we in bebi day mek di man de koks ɛn kɔrej am. we i bɔn di sɛkɛn pikin, insɛf sɛf tot

di bebi go na os. i gi am bɔbi, di bebi slip, insɛf ledɔm
slip. as i slip so, Ɔmɔ tif di bebi, i kɛr am go le am
ɔnda wan pɔpɔ tik.

afta we i bin dɔn lɛf da fɔs bebi ɔnda da pɔpɔ tik ɛn
kɛr Rɛmi go om, i bin go bak fɔ go tek di bebi trowe
am, bɔt i nɔ mit am usay i bin lɛf am. i nɔ bin bisin
sɛf. adinɔ na sɔm animal drɛg am go, adinɔ na dɛbul
tot am go, i nɔ kia. wans nɔmɔ bebi nɔ kam na os. so
i lɛf dis sɛkɛn bebi insɛf ɔnda pɔpɔ tik, i tek puspikin
go sho di man se, luk wetin yu wɛf bɔn o! di man wan
day. uskanaba swɛ dis wan ya? in fɔs wɛf nɔ bɔn. di
sɛkɛn wɛf, luk uskayn tin de kɔmɔt insay in bɛlɛ. na in
gɛ di swɛ, ɔ na di uman dɛn? wetin de bi insay in os? i
bɔn-at; i pwɛlat. dɛn big fambul dɛn bigin mɔna am
se i fɔ go to mɛrɛsin man. i nɔ du tin lɛkɛ dat wan de
frɔm in mami bɔn am. i nɔ miks. na Gɔd nɔmɔ i no.
bɔt in pipul dɛn, na dat na dɛn tradishɔn. na dat dɛn
bin no bifo wetman fes in yon kam sho dɛn. dɛn fasin
am te, se lɛ dɛn kɛr am go luk grɔn. ɛvri de dɛn de riŋ
dis wɔd na in yes. i tan lɛk we maskita de siŋ na pɔsin
yes na nɛt. yu wan kin pit pan ol wɔl. bɔt if ol wɔl pit
pan yu, yu go drawn. so insɛf gri mek dɛn kɛr am go.
di mɛrɛsin man tɛl am se Rɛmi gɛt dɛbul. na dis dɛbul
ya de it in pikin dɛn, dɔn i put dɔg ɛn pus pikin usay di
bebi dɛn bin de. i se i nɔ fɔ de na os wit da kayn
uman de, i fɔ drɛb am.

Papabɔy kɔnfyus. i nɔ no wetin fɔ du. i fil so bad.
in fambul dɛn tek chaj. dɛn fala am go na in os go kɔs

Rɛmi. in jɛs de biɛn dɛn lɛk dɔkunu. we Papabɔy in big anti dɛn bigin kɔs Rɛmi se i bɔn dɔg ɛn pus pikin, na di fɔs tɛm dat i yɛri da wɔd de. i nɔ ɔndastand wetin dɛn min. we i yɛri di ful stori, i tɔk se in bin yɛri we in fɔs bebi kray afta i bɔn am, dɛn afta dat nain Sisi Ɔmɔ kam tɛl am se i day. di sɛkɛn bebi slip to am wan nɛt bifo Sisi Ɔmɔ tɛl am se insɛf day. bɔt di fambul dɛn nɔ biliv am. nain Papabɔy tek in wɛf saful i go lɛf am to in pipul dɛn. i tɛl am se i bɛtɛ mek i go, mek dɛn nɔ kam kil am na da os de.

Papabɔy kin de go fɛn Rɛmi, i de kɛr tin go fɔ am, bɔt Rɛmi nɔ dia go bak na da os we Ɔmɔ de. i nɔ gɛt fɔ kuk ɛn klin os naw, so ol de i sidɔm na in mashin de so print. dɛn i bigin sɛl print matirial, sodat in kɔstamɛnt dɛn nɔ gɛt fɔ krach dɛn ed fɔ go bay print, dɛn kin jɛs pik print to am dɛn lɛf am gi am fɔ so. Ɔlman na di eria no se if yu wan mek man tɔn luk yu, yu fɔ jɛs go to Rɛmi fɔ so print fɔ yu.

wan de aw i kam dɔŋ podapoda de waka fɔ go fɛn wan in padi, nain i yɛri wan vɔys de siŋ,

'udat na mi mami O,
 udat na mi mami O,
 udat na mi mami O, sumange
sɔntin de na ya'

ɔl dis tɛm frɔm we dɛn drɛb Rɛmi na in man-os, in pikin dɛn bin de to Mama Kamakama. i de mɛn dɛn fayn wit klin at. nɔbɔdi nɔ go no se nɔto in bɔn dɛn pikin de. we i kin de ple wit dɛn, i kin de pul stori fɔ dɛn. wan stori we i kin lɛk fɔ pul fɔ dɛn, na bɔt wan uman we nɔ bɔn pikin, bɔt i fɛn tu pikin dɛn we i biliv se na Gɔd gi am. we dɛn dɔn big lilibit, nain wande i tɛl dɛn se dis stori ya na tru stori, ɛn na dɛn tu we sidɔm bifo am so na di pikin dɛn na di stori. di pikin dɛn nɔ vɛks sɛf, dɛn nɔ fil bad, dɛn gladi bikɔs we Mama Kamakama kin de pul stori, i kin de tɔk aw dɛn pikin ya fayn ɛn gud ɛn klɛva, aw dɛn ebul wok ɛn dɛn de yɛri wɔd, tik nɔ brok na dɛn yes lɛk bɔku ɔda pikin dɛn, ɛn se di uman we fɛn dɛn bin lɛk dɛn lɛk in bɔlyay. dɛnsɛf bin lɛk Mama Kamakama bad, bɔt we i tɛl dɛn dis stori, dɛn mekɔp se dɛn wan fɔ fɛn di uman we bɔn dɛn, mek i tɛl dɛn wetindu i trowe dɛn. Mama Kamakama insɛf nɔ vɛks pan dɛn fɔ dat, bikɔs insɛf bin wan fɔ no wetindu pɔsin fɔ bɔn pikin i trowe am. i no se du we du, na in dɔn mɛn dɛn pikin ya te dɛn big so, ɛn nɔbɔdi nɔ go ebul tek dɛn na in an.

so ɛnitɛm dɛn pikin ya kɔmɔt, if dɛn si ɛni uman, dɛn kin tek am bay tɔn fɔ siŋ,

176

'te mu te sumange
te te mu te sumange
sɔntin de na ya sumange
te mu te

'udat na mi mami O,
 udat na mi mami O,
 udat na mi mami O, sumange
sɔntin de na ya'

wan de wan uman ansa se,
'na mi na yu mami O
na mi na yu mami O
na mi na yu mami O, sumange
sɔntin de na ya'

nain Olubumi siŋ bak se,
'usay yu bɔn mi O
usay yu bɔn mi O
 usay yu bɔn mi O, sumange
sɔntin de na ya

di uman ansa se,
'a bɔn yu na Granat Fam
a bɔn yu na Granat Fam
a bɔn yu na Granat Fam sumange
sɔntin de na ya

nain Olubumi ansa se,
'yu nɔto mi mami o
yu nɔto mi mami o
yu nɔto mi mami o sumange
sɔntin de na ya

afta tu tri de, wan ɔda uman ansa se in na Mɔyɛmi in
mami. we Mɔyɛmi aks am usay i bɔn am, i siŋ se,
'a bɔn yu na Banana Wes
a bɔn yu na Banana Wes
a bɔn yu na Banana Wes sumange
sɔntin de na ya

nain Mɔyɛmi ansa am se,
'yu nɔto mi mami o
yu nɔto mi mami o
yu nɔto mi mami o sumange
sɔntin de na ya

na so bɔku uman dɛn de lay se na dɛn bɔn dɛn tu fayn
fayn pikin dɛn ya. ɔlman de tɔk in yon... a bɔn yu na
ɔspitul, a bɔn yu to Nɔs Kɔni, ɔ a bɔn yu Bɔtɔm
Mangro. di pikin dɛn kin ansa se,
'yu nɔto mi mami o
yu nɔto mi mami o
yu nɔto mi mami o sumange
sɔntin de na ya

'te mu te sumange
te te mu te sumange
sɔntin de na ya sumange
te mu te

so dis de we Rɛmi yɛri dis siŋ, i tɔn rawnd luk udat de
siŋ. in yay nɔ ebul biliv wetin i si. i tink se na drim in
de drim. i fiba lɛk se na insɛf i de luk. lɛk se i de luk
na lukin glas, i si insɛf aw i bin tan we i smɔl. i tɔn in
ed i si wan bɔbɔ. bɔt nɔto ɔdinari bɔbɔ i si o, na
Papabɔy in fes i si plasta na di bɔbɔ in ed. nain i bɔs
kray, i rɔn go mit dɛm, i ol dɛn an, dɛn i ɔg dɛn, i de
kray wɛ wɛ wɛ. dɛn i wep in yay i siŋ se,
'na mi na yu mami o
na mi na yu mami o
na mi na yu mami o sumange
sɔntin de na ya'
di pikin dɛn siŋ bak se,
'usay yu bɔn mi o
usay yu bɔn mi o
usay yu bɔn mi o sumange
sɔntin de na ya'

Rɛmi siŋ se,
'a bɔn yu ɔnda pɔpɔ tik
a bɔn yu ɔnda pɔpɔ tik
a bɔn yu ɔnda pɔpɔ tik sumange
sɔntin de na ya'

naw na Olubumi dɛn tɔn fɔ kray. dɛn kray, dɛn laf, dɛn jomp dɛn ɔg Rɛmi de siŋ,

'na yu na wi mami o
na yu na wi mami o
na yu na wi mami o sumange
sɔntin de na ya

te mu te sumange
te te te mu te sumange
sɔntin de na ya sumange
te mu te'

Olubumi ɛn Mɔyɛmi kɛr Rɛmi go na dɛn os go tɛl Mami Kamakama se dɛn dɔn fɛn dɛn mama. Rɛmi in tɛl dɛn ɔl wetin bin bi na in os we in bin bɔn dɛn. dɛn ɔl ol rod fɔ go tɛl Papabɔy di stori. Mɔyɛmi ɛn Olubumi ol dɛn mama an, wan na ya, wan ya, dɛn mama de midul lɛk se dɛn de fred mek i nɔ lɔs na dɛn an! Mɔyɛmi ol Mami Kamakama tayt wit in ɔda an mek insɛf nɔ lɔs go. na so dɛn ɔl gladi. dɛn de siŋ, dɛn de laf, dɛn de tɔk; ɔlman de tɔk wetin bin de bi na dɛn layf. ɔlman de tɔk aw Papabɔy go mek we i si dɛn. as fɔ Sisi Ɔmɔjowo! hm – Gɔd nɔ de slip mayn. nain mek Krio se, 'yu si tide yu nɔ si tumara.'

stori go stori kam i lɛf pan una.

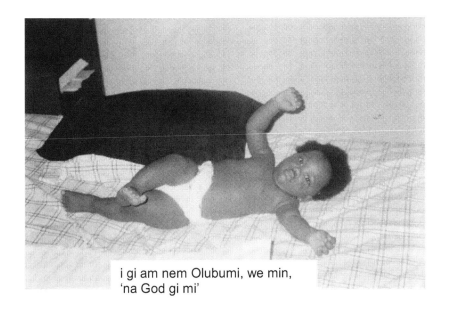

i gi am nem Olubumi, we min,
'na God gi mi'

yu nɔto mi mami o-o-o

SɔM OF DI STICH PATAN WE RɛMI BIN DE SO

At ɔf Man (ful wit jatijati)

Lif

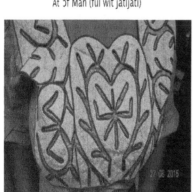

At ɔf Man (ful wit jatijati)

Lif

Dayamɔn ɛn Lif

Kɔktel

Kɔktel

Kɔkul Shɛl

Mami kamakama in at layt lɛk fɛdapila ɛn kol lɛk Basma frij

TƐL TENKI

tɛl am tɛnki, tɛl am, tɛl Papa Gɔd tɛnki
lɛ wi tɛl am tɛnki
tɛl am tɛnki tɛl am, tɛl Papa Gɔd tɛnki
wetin i du fɔ wi, wi go tɛl tɛnki
wetin i du fɔ wi, wi go tɛl tɛnki
tɛl am tɛnki, tɛl am, tɛl Papa Gɔd tɛnki

SALON NASHƆNAL ANTƐM

Wi es yu ɔp, land fɔ fribɔn
Di we wi lɛk yu, i nɔ smɔl
Wit wanwɔd wi tinap sote go
Land we wi bɔn, wi go de tɔk yu gud nem
Wi pul vɔys ɛn tɔk wetin de na wi at
Dɛn il ɛn dɛn vali de ansa wi bak
Blɛsin ɛn pis go de sote go
Land we wi lɛk, wi yon Salon

Na Clifford Fyle rayt di wɔd dɛn.
John Akar rayt di myuzik.
Logie Wright arenj di myuzik fayn fayn.

Nathaniel Pearce ɛn Sam Macauley rayt am bak na Krio.

Dafni Balat Prat bɔn na Fritɔŋ nayntin fɔti tri. i go Ani Wɔlsh Skul. we i dɔn skul, i go lan mɔ buk na Inglan. nayntin siksti-siks, i gɛ mastaz digri na Abadin Yunivasiti we de Skɔtlan. afta dat i go Maraya Gre Kɔlɛj we jɔyn an wit Lɔndɔn Yunivasiti. na de i stɔdi te i gɛt satifiket we dɛn de gi pɔsin we dɔn gɛt digri, we wan lan fɔ tich. i bi ɛd ticha na tu tri skul, ɛn wan pan dɛn skul ya na Intanashɔnal Skul na Fritɔŋ. di las say we i wok bifo i ritaya, na Limawnt Kɔlɛj we na wan prayvet sɛkɔndari skul we opin nayntin naynti-siks na Fritɔŋ. in na bin di fɔs prinsipul na da skul de. i rayt wan ple we nem 'Masire' we dɛn akt tu tawzin ɛn siks na Fritɔŋ, Krio poɛm dɛn na buk we nem 'Salon Na Wi Yon' we kɔmɔt tu tawzin ɛn et, ɛn wan ɔda buk we nem 'Fɔ Dɛn Pikin' we kɔmɔt tu tawzin ɛn twɛlv, we i pul tu tri krio nansi stori ɛn parebul dɛn. 2014, i rayt 'Krio Salad' we gɛt ɔltin insay – nansi stori, parebul, poɛm ɛn bɔku ɔda tin. dɛn 2015 i rayt 'Lan Fɔ Rid Ɛn Rayt Krio' sodat wi ɔl go lan di kɔrɛkt Krio, aw di Ministri ɔf Ɛdyukeshɔn dɔn gri se fɔ rayt am. in man nem Tanimɔla Prat. dɛn gɛ tu gyal pikin ɛn tri granpikin.

Daphne Barlatt Pratt was born in 1943 in Freetown, Sierrra Leone. She attended the Annie Walsh Memorial School in Freetown, and proceeded to the UK where she got her MA from Aberdeen University in 1966, and a postgraduate Certificate of Education from Maria Grey College, which is affiliated to London University. She was Head Teacher of a number of schools including The International School Ltd., and retired as the first principal of Limount College, a private secondary school founded in 1996. She wrote, 'Masire', a play in Krio, which was performed in Freetown in December 2006; 'Salon Na Wi Yon', a collection of Krio poems published in 2008, and 'Fɔ Dɛn Pikin', a collection of Krio Folktales and proverbs, published in 2012. In 2014, she published 'Krio Salad, which encompassed a further collection of Krio folktales and proverbs, as well as poems, similes, synonyms, and many other interesting features of the language. 'Lan Fɔ Rid ɛn Rayt Krio' (Learn How To Read And Write Krio) was published in 2015, to encourage Sierra Leoneans to learn the correct orthography of the Sierra Leone Krio as approved by The Ministry Of Education. She is married to L.J. Tani Pratt, and they have two daughters and three grandchildren.

Printed in Poland
by Amazon Fulfillment
Poland Sp. z o.o., Wrocław

49452271R00112